AF554032

नए जन-संचार माध्यम और हिन्दी

नए जन-संचार माध्यम और हिन्दी

सम्पादक
सुधीश पचौरी
अचला शर्मा

राजकमल प्रकाशन

ISBN : 978-81-267-0451-4

मूल्य : ₹ 495

पहला संस्करण : 2002
छठा संस्करण : 2026

प्रकाशक : राजकमल प्रकाशन प्रा.लि.
1-बी, नेताजी सुभाष मार्ग, दरियागंज
नई दिल्ली-110 002
शाखाएँ : अशोक राजपथ, साइंस कॉलेज के सामने, पटना-800 006
पहली मंजिल, दरबारी बिल्डिंग, महात्मा गांधी मार्ग, प्रयागराज-211 001
1, अनमोल सोराबजी सन्तुक लेन, धोबी तलाव, मरीन लाइंस, मुम्बई-400 002
वेबसाइट : www.rajkamalprakashan.com
ई-मेल : info@rajkamalprakashan.com

मुद्रक : बी.के. ऑफसेट
नवीन शाहदरा, दिल्ली-110 032

NAYE JAN-SANCHAR MADHYAM AUR HINDI
Edited by Sudhish Pachauri, Achala Sharma

क्रम

भूमिका

बीबीसी ने हिन्दी सेवा के साठ वर्ष के उपलक्ष्य में नई दिल्ली में 'हिन्दी का बदलता स्वरूप : नए समाचार माध्यम, नई चुनौतियाँ' विषय पर जो सेमिनार आयोजित किया था यह पुस्तक उसी का 'डाक्यूमेंटेशन' है। सेमिनार में जिस क्रम से जो बातचीत हुई उसे यथावत प्रस्तुत करने के पीछे यह मंशा रही कि पाठक को समकालीन संचार माध्यमों के सन्दर्भ में हिन्दी के समक्ष आ रही चुनौतियों का उसी स्तर पर अहसास हो जिस स्तर पर सेमिनार में बोलने, बात करनेवालों को हुआ और इस तरह हर पाठक उस सेमिनार में इस किताब के सहारे शामिल रहे। सेमिनार की अध्यक्षता प्रसिद्ध साहित्यकार-प्रसारक कमलेश्वर ने की। उसमें वरिष्ठ साहित्यकार-पत्रकार मृणाल पांडे, प्रसारक पत्रकार वहीद नकवी, रजत शर्मा, अजय चौधरी, परविन्दर, जसदेव सिंह, अजय उपाध्याय, आलोक मेहता ने भाग लिया। साथ ही उपस्थित पत्रकारों ने भी हस्तक्षेप किया। यह बातचीत इतनी धनात्मक और उत्तेजक रही कि उसे वैसा ही प्रस्तुत करना ठीक लगा। अगर तब कही गई बातों को सम्बन्धित वक्ताओं को 'ठीक' करने दिया जाता तो उस बातचीत का रस ही खत्म हो जाता। हिन्दी में इस प्रकार के डॉक्यूमेंटेशन का यह शायद पहला प्रयत्न है जो किताब की शक्ल में है। इसकी अपनी उपादेयता है। इसका टटकापन इसका अतिरिक्त आस्वाद है। सेमिनार के इस दस्तावेजीकरण के बाद जरूरी लगा कि बीबीसी की हिन्दी सेवा के अब तक के सफर के बारे में कुछ खास बातें जरूर बताई जाएँ। राजेश प्रियदर्शी ने अपनी टिप्पणी में यह काम बखूबी किया है। यहाँ पाठक बीबीसी की साठ साल की यात्रा की एक झलक देख सकते हैं। सेमिनार में हिन्दी प्रसारण की स्टाइल बुक की बात बार-बार आई थी और एक न्यूनतम पदावली की बात आई थी। इस दृष्टि से बीबीसी वेब प्रसारण के लिए राजेश प्रियदर्शी और आशुतोष चतुर्वेदी द्वारा तैयार की गई एक प्रकार की 'स्टाइल बुक' परिशिष्ट में दी जा रही है जो उन सबके लिए उपयोगी साबित होगी जो पत्रकारिता-प्रसारण में भाषा की समस्या से रोजाना जूझते हैं। साथ ही प्रसारण कर्म में आए दिन बरते जाने वाले उर्दू शब्दों के सही उच्चारण को बताने वाली एक पदावली भी दी जा रही है जिसे ज़ैदी साहब ने तैयार किया है। सबसे दिलचस्प हिस्सा बीबीसी

के करोड़ों श्रोताओं के लाखों पत्रों में से कुछ चुनिन्दा पत्रों का है जो बीबीसी की पहुँच और श्रोताओं से उसके अंतरंग सम्बन्धों की खबर देता है। उन्हें पढ़कर लगता है कि बीबीसी सुनना सचमुच एक अच्छी आदत की तरह है और एक आस्वाद की तरह है। उसका एक अलग नशा है। यह सौभाग्य बीबीसी को एक दिन में नहीं मिला बल्कि उसके लम्बे इतिहास और संचार-कौशल की देन है। ये पत्र बताते हैं कि लोग किस कदर बीबीसी से जुड़ा महसूस करते हैं। कुलवंत कोछड़ ने उन्हें मुहैया कराया है। उनके मंतव्य को शीर्षक हमने दिए हैं ताकि उन्हें एक टिप्पणी की तरह भी पढ़ा जा सके। सेमिनार का विषय सुदीर्घ था। पुस्तक के लिए 'नए जन-संचार माध्यम और हिन्दी' नाम सटीक जान पड़ा।

उम्मीद है कि यह किताब नए संचार माध्यमों में आ रहे हिन्दी के मीडियाकर्मी के लिए एक उपयोगी किताब होगी। समूची सामग्री के लिए हम बीबीसी के आभारी हैं और किताब को इस रूप में प्रकाशित करने के लिए अशोक महेश्वरी का धन्यवाद करते हैं।

सुधीश पचौरी
अचला शर्मा

राष्ट्रीय सेमिनार

हिन्दी का बदलता स्वरूप

नए समाचार माध्यम, नई चुनौतियाँ

बीबीसी की ओर से : अचला शर्मा

बीबीसी हिन्दी सेवा की ओर से आप सबका स्वागत है। जन्मदिन आते हैं, जाते हैं। वर्षगाँठ बड़ी धूमधाम से आती हैं और दबे पाँव खिसक लेती हैं। पिछले वर्ष मई में बीबीसी हिन्दी प्रसारणों के साठ वर्ष पूरे हुए तो मन में यही ख़याल आया कि साठवीं वर्षगाँठ का जो उत्साह है, वो कम-से-कम इकसठ तक तो बरक़रार रहे। आमतौर पर जब किसी की षष्ठिपूर्ति मनाई जाती है तो अगले ही दिन उसे बूढ़े होने का अहसास करा दिया जाता है। पर शायद, आदमी और संस्था में अन्तर होता है। संस्थाएँ साठ वर्ष पूरे कर चुकें तो रुतबे में ज़रा ऊँची नज़र आने लगती हैं।...बीबीसी हिन्दी सेवा भी अपने आप में एक संस्था है और इसकी अब तक की उम्र की हर सुबह और रात में, पिछले साठ वर्षों के इतिहास की उपलब्धियाँ और मायूसियाँ छिपी हैं।

हिन्दी पत्रकारिता के ही पिछले साठ साल देखें तो पिछला दशक सबसे ज़्यादा हलचल लिये नज़र आता है। ज़ाहिर है, बीबीसी हिन्दी सेवा भी इसी हलचल की प्रत्यक्षदर्शी है। पिछले दस वर्षों में हिन्दी के अख़बार पहले जैसे नहीं रहे। अख़बार और पाठक ग्लोबलाइज़ेशन का मज़ा चख रहे हैं। प्रसारण माध्यमों में आई

तब्दीली साफ़ दिखाई देती है। पिछले दशक में जन्मे टेलीविजन चैनलों की गिनती उँगलियों पर करनी असम्भव है। अब आते हैं असली मुद्दे पर! जितने अख़बार, पत्रिकाएँ, रेडियो और टेलीविज़न चैनल, उतने ही हिन्दी के रूप। हिन्दी को लेकर सोचनेवाले तरह-तरह के सवाल उठाते हैं, जैसे कि, क्या ये हिन्दी के लिए संकट की सूचना है, क्या हिन्दी एक संक्रमण काल से गुज़र रही हैं, क्या हिन्दी इन परिवर्तनों और प्रयोगों के बीच जीवित रह पाएगी ?

बीबीसी हिन्दी सेवा की साठ वर्षों की यात्रा में, उसके सामने यूँ तो अनगिनत प्रश्न आए लेकिन पिछले दस वर्षों में तो जैसे परिवर्तनों की आँधी ने हमारे सोचने-समझने के पूरे अन्दाज़ को ही बदल डाला ! आज जब हम रेडियो के साथ-साथ इंटरनेट के माध्यम से नए-पुराने श्रोताओं और पाठकों से जुड़ने की कोशिश में हैं, हिन्दी भाषा में अपनी वेबसाइट तेयार करने के प्रयास में हैं, तो सामने कई प्रश्न हैं, कई चुनौतियाँ हैं। इसलिए हमने सोचा कि बीबीसी हिन्दी प्रसारणों के साठ वर्ष पूरे होने पर क्यों न कुछ ऐसा आयोजन किया जाए जिसके माध्यम से कुछ नए-पुराने मुद्दों पर विचार हो सके। और अगर हिन्दी के रास्ते में नई चुनौतियाँ खड़ी हैं, तो इस बहाने उनका मुक़ाबला करने में आप सबके प्रयास में हम भी थोड़ा-सा सहयोग कर सकें। आपकी विचार-गोष्ठी का विषय है—'हिन्दी का बदलता स्वरूप : नए समाचार माध्यम, नई चुनौतियाँ।'

ज़ाहिर है, यह विषय और इस विषय पर होनेवाली बहस, दोनों हर हिन्दी प्रसारण के लिए महत्त्वपूर्ण हैं।

बीबीसी हिन्दी सेवा ने जब अनुवाद पर निर्भरता की मजबूरी को तोड़ने की कोशिश की और हिन्दी में मौलिक पत्रकारिता का दायित्व लिया तो कुछ आलोचकों ने कहा, 'अब तो अंग्रेजी सोच और दृष्टिकोण से नाता ही टूट गया।' कुछ लोगों को वे दिन याद आए जब अंग्रेज़ी समाचार अनुवाद के सहारे हिन्दी में सुनाए जाते थे।...हमने अपनी भाषा को सहज-सरल करने की कोशिश की तो सुनने को मिला; 'अब आपकी हिन्दी दूसरी भाषाओं की गोद में जा बैठी है।' कुछ ने कहा, 'अंग्रेज़ी के डिस्पैच और रिपोर्ट जैसे शब्द भाषा में किरकिरी पैदा करते हैं।' कुछ ने सुझाव दिया, 'उर्दू के हर शब्द पर प्रतिबन्ध लगाना चाहिए और हर नुक़्ते को हिन्दी से हटा दिया जाना चाहिए।' दूसरी ओर, हमारे किसी साथी से कभी कुछ नुक़्ते गिर गए तो शिकायत मिली, 'कहाँ-कहाँ से पकड़ लाते हैं ! इनसे एक मामूली-सा नुक़्ता भी नहीं उठता।' कभी-कभी कुछ पुराने

श्रोता यह शिकायत भी करते हैं कि बीबीसी हिन्दी सेवा की भाषा अब पहले जैसी नहीं रही, पहले जहाँ गंगा-जमुनी भाषा सुनने को मिलती थी, अब वहाँ कठिन और दुरूह हिन्दी सुनाई देती है। पर शायद समस्या सिर्फ़ हिन्दी भाषा के प्रयोग की नहीं, उसकी पहुँच की भी है। हाल में हमने जब इंटरनेट पर प्रसारण शुरू किए तो आरोप लगा, 'आप सिर्फ़ शहरी श्रोताओं का ध्यान रखते हैं। बेचारे हिन्दी के पाठक और श्रोता की इंटरनेट तक पहुँच ही कहाँ है ?' चलिए, पलभर के लिए आर्थिक असमानता से उपजे इस रोष को भूल भी जाएँ तो अगला सवाल ये है कि इंटरनेट पर कैसी हिन्दी का प्रयोग होना चाहिए ?

हमारे सामने कई सवाल हैं। ये सवाल रेडियो-टेलीविज़न, इंटरनेट या अख़बार, किसी भी समाचार माध्यम के लिए महत्त्वपूर्ण हो सकते हैं।

—हिन्दी प्रसारण की भाषा कैसी हो ? संस्कृत के निकट या उर्दू के नज़दीक ? या फिर उसका रोमांस अंग्रेज़ी के साथ हो ?

—क्या अंग्रेज़ी में उपलब्ध समाचार सामग्री के अनुवाद मात्र से हिन्दी के पाठकों श्रोताओं और दर्शकों की ज़रूरत को पूरा किया जा सकता है ?

—क्या इन श्रोताओं और दर्शकों को जाने-समझे बिना उनके लिए सार्थक प्रसारण या प्रकाशन संभव है ?

—क्या हिन्दी इतनी सक्षम दिखाई देती है कि इंटरनेट के साथ शुरू हुए प्रसारण के एक नए युग में, नई चुनौतियों का सामना कर सके ?

—और अगर इतनी सक्षम है भी तो क्या भारतीय समाज वाक़ई हिन्दी को फलते-फूलते देखना चाहता है ?

—और अगर चाहता भी है तो क्या शहरों की अंग्रेज़ीपरस्त व्यवस्था ऐसा होने देगी ?

और इन सारे सवालों के साथ एक बड़ा सवाल यह भी है कि क्या हिन्दी भाषा, नई तकनीक, नए प्रसार माध्यमों के अनुरूप खुद को ढाल पाएगी ? हिन्दी क्या करे ? नए राजनीतिक, आर्थिक और तकनीकी माहौल में हिन्दी की भावी रणनीति क्या ? गठजोड़ की या अलगाव की ? आशा है कि आज की इस विचार गोष्ठी में इसी तरह के अनेक प्रश्न उठेंगे और संभवतः कुछ उत्तर भी सामने आएँगे।

संयोजक सुधीश पचौरी का सम्बोधन

कमलेश्वर जी, मृणाल जी, भैया अजय, परविन्दर, नकवी साहब और मित्रो। अचला जी ने जो बातें आज की बातचीत के लिए सामने रखी हैं वो बोलें तो मैं समझता हूँ यहाँ बहुत से लोग अपने-अपने अनुभव लेके आए हैं वो भी उसमें हिस्सेदारी करेंगे। ये एक ऐसा मौका है जो ऐसे विषयों के लिए सबसे सही मौका है जहाँ एक नई किस्म की पत्रकारिता से हम सब रूबरू हैं और उसके माहौल में बैठे हैं। बहस इस बात की हो रही है, बहुत से लोगों के बीच में कि जो तहलका ने किया वह कितना नैतिक है कितना पत्रकारिता की कोटि में आता है कितना जासूसी की कोटि में आता है। उसमें कुछ छुपे हुए कैमरों के कमाल भी हैं तकनीकी का मसला भी है, वहाँ भाषा का मसला कितना है हम जानते हैं। मूल अंग्रेजी का पाठ हिन्दी में भी उपलब्ध है कई चैनलों में सामग्री गड्डमड्ड हो रही है। हमारे बीच जो विद्वान यहाँ बैठे हैं औ जो पत्रकारिता को करते हैं उनसे जाहिर है, आप सब परिचित हैं, उनका अलग से परिचय देने की आवश्यकता नहीं है फिर भी औपचारिक रूप से और बातचीत शुरू कराने के लिए मैं भाई कमर वहीद नकवी साहब को निमन्त्रित कर रहा हूँ कि वे शुरू करेंगे। नकवी साहब **'आजतक'** से काफी दिनों जुड़े रहे और इन दिनों वे **'फलक टी.वी.'** जो उर्दू चैनल है जो आनेवाले दिनों में जल्दी ही शुरू होनेवाला है, उसमें इस वक्त काम कर रहे हैं। उनका प्रिंट मीडिया से भी काफी सम्बन्ध रहा है। नकवी साहब के बहुत सारे अनुभव हैं, भाषा को लेकर भी, बहुत सारे अनुभव हैं। मैं समझता हूँ कि शुरुआत करने के लिए एक बेहतर नाम हैं, भाई नकवी। व्यवस्था अध्यक्ष महोदय ने ये दी है कि हमारे पास जो एक बजे तक का समय है, इसमें हमारे जो वक्ता हैं उनके वक्तव्य दस से पन्द्रह मिनट तक के हो सकते हैं, बाकी के पाँच मिनट में जैसे ही ये वक्ता अपने वक्तव्य सम्पन्न करेंगे तो हममें से कोई भी उनसे प्रश्न कर सकता है, संक्षिप्त टिप्पणी कर सकता है और वे उसका जवाब देने के लिए आमन्त्रित किए जाएँगे और जब ये तमाम चीजें हो चुकी होंगी तो बाद में भी यदि समय बचा तो एक प्रश्नोत्तरी होगी। तो भाई कमर वहीद नकवी साहब, आपका समय शुरू होता है अब।

आजतक की हिन्दी : वहीद नकवी का वक्तव्य

सबसे पहले तो मैं बीबीसी हिन्दी सेवा को उसकी साठवीं सालगिरह के लिए बधाई देना चाहूँगा और इसलिए भी बधाई देना चाहूँगा कि इस सेमिनार के लिए उन्होंने जो विषय चुना वो सचमुच आज की स्थितियों में एक बहुत बड़ा मुद्दा है, बहुत ज्वलन्त मुद्दा है और बहुत दिनों से इस पर बहस की जरूरत, महसूस की जा रही थी। ये दुभाग्य की बात है कि हमारे यहाँ हिन्दी पत्रकारिता जो हो रही है चाहे अखबारों में, चाहे इलेक्ट्रॉनिक मीडिया में, हमने खुद ये जरूरत महसूस नहीं की। ये बहस यहाँ बहुत पहले, शुरू हो जानी चाहिए थी। चार पाँच साल से इसकी जरूरत महसूस की जा रही थी कि ये बहस हो पर, चलिए कोई मौका आया कि ये बहस और ये सवाल लोगों के जेहन में गूँजा और हिन्दी को ले करके जैसा कि अचलाजी ने शुरू में कहा कि दुविधा रही और हिन्दी कैसी होनी चाहिए और खासतौर से इलेक्ट्रॉनिक मीडिया के लिए क्यों, क्योंकि जहाँ तक प्रिंट मीडिया की बात है अखबारों का एक सीमित दायरा होता है, अखबारों को मालूम है उसका पाठक जहाँ तक है, दिल्ली का अखबार है उसकी एक पहुँच है, लखनऊ का अखबार है उसकी अपनी एक पहुँच है, जयपुर का अखबार है उसकी अपनी एक पहुँच है, भोपाल का अखबार है उसकी अपनी एक पहुँच है। उनका एक स्थानीय दायरा है, उसकी एक स्थानीय भाषा है, उनकी एक स्थानीय संस्कृति है और जिस हिसाब से उनके अपनी भाषा को तय करने में कोई ज्यादा दिक्कत नहीं होती क्योंकि उनको मालूम है वो किस श्रोता वर्ग से उनका संवाद होना है।

अखबारों की हिन्दी स्थानीयता लिये हो सकती है

इसके हिसाब से वे अपनी भाषा तय करते हैं। इलेक्ट्रॉनिक मीडिया की पहुँच कहीं ज्यादा है और ये आज तो टी.वी. का जमाना है रेडियो के जमाने में रेडियो और टी.वी. की पहुँच लगभग एक जैसी है। जब बी.बी.सी. की हिन्दी सर्विस एक जमाने में जो हम सारे लोगों के लिए, जो पत्रकारिता सीख रहे थे, उनके लिए बड़ी इंसपायरिंग, बड़ी प्रेरणा का स्रोत रही है क्योंकि हमें जो है वही एक समय एक ऐसी चीज उपलब्ध थी जिससे हम ये समझने की कोशिश करते थे कि खबर क्या है और खबर का विश्लेषण कैसे किया जाता है और इस बी.बी.सी. की जो पहुँच है, वो हिमालय के दूर-दराज किसी गाँव तक भी है, उड़ीसा तक भी है,

बीबीसी की हिन्दी एक मॉडल रही

बिहार में भी है बंगाल में भी है यदि उसका एक ऐसा पाठक वर्ग है जो जहाँ-जहाँ हिन्दी जिस-जिस रूप में मौजूद है उस-उस रूप में रेडियो की पहुँच हो जाती है। वो चाहे आकाशवाणी हो चाहे बी.बी.सी. हो या कोई दूसरा टी.वी. चैनल हो, पहुँच, तमाम ऐसी जगहों पे होती है, तमाम ऐसे क्षेत्रों में होती है जहाँ लोग उस भाषा को जाननेवाले होते हैं इसलिए इलेक्ट्रॉनिक मीडिया के सामने रेडियो और टी.वी. के सामने ये चुनौती होती है कि उसकी भाषा कैसी हो और हिन्दी के मामले में ये चुनौती इसलिए ज्यादा बढ़ी है कि हिन्दी का जो विकासक्रम है, हिन्दी की जो यात्रा है विकास यात्रा, वो इतने पड़ाव पार करके आई है, इतने तरीके की हिन्दी अलग-अलग जगहों पे बोली जाती है। बहुत से हिन्दी के शब्द ऐसे हैं, जो राजस्थान में समझे जा सकते हैं, मध्य प्रदेश में नहीं समझे जा सकते, बहुत से हिन्दी के शब्द ऐसे हैं जो उत्तर प्रदेश में समझे जा सकते हैं लेकिन राजस्थान में नहीं समझे जा सकते। कुछ शब्द ऐसे हैं जो महाराष्ट्र में चलते हैं। और शायद उत्तर प्रदेशवालों को शायद उसके बारे में पता नहीं है, तो इसलिए ये समस्या खड़ी होती है कि आपकी हिन्दी कैसी होनी चाहिए और जब 'आजतक' की शुरुआत होनेवाली थी तो एस.पी. सिंह ने मुझे फोन किया और उन्होंने कहा कि 'आजतक' का एक ऐसा समाचार बुलेटिन नया शुरू होनेवाला है और मैं चाहता हूँ कि उसकी भाषा को गढ़ने का काम, इसकी भाषा को तय करने की जिम्मेवारी आप सँभालो, मेरे लिए ये चुनौती थी जिसको मैंने सँभाला और कुछ ऐसी चीजें थी, कुछ ऐसे पैरामीटर्स थे, जिनके आधार पर मैंने आज तक के लिए एक नई हिन्दी गढ़ने की कोशिश की क्योंकि उस समय जो हमारे सामने टी.वी. पर की हिन्दी क्या हो उसका कोई मॉडल उपलब्ध नहीं था और जो मॉडल उपलब्ध थे भी वो ऐसे मॉडल नहीं थे जिनको मैं पसन्द करता और जो लोगों को पसन्द आ रहे होते। इसलिए मुझे बिल्कुल एक नया मॉडल तैयार करना था। इसको हम आगे एक्सप्लेन करेंगे। सबसे बड़ी चीज ये है कि हिन्दी पर बात करते हुए, जब हम बात शुरू करते हैं तो हम ये देखते हैं कि आज टी.वी. में हिन्दी की स्थिति कोई बहुत अच्छी नहीं है। हिन्दुस्तानी टेलीविजन में जो समाचार चैनल हैं, उनमें हिन्दी की स्थिति आज कोई बहुत अच्छी नहीं है और इसके यहाँ पर ऐतिहासिक कारण हैं। सिर्फ टी.वी. की ही बात नहीं करें थोड़ा-सा मैं विषयान्तर लूँगा। अपनी बात को समझाने के लिए कि प्रिंट

हिन्दी की दोयम स्थिति

मीडिया से हम जरा इसको देखना शुरू करें कि प्रिंट मीडिया के जमाने से हिन्दी की स्थिति हमेशा भारत में दयनीय स्थिति रही है, हिन्दी को इज्जत उस तरह से मिली नहीं। दूसरे दर्जे का पत्रकार हिन्दी के लोगों को माना जाता रहा उसकी वजह ये थी कि जो बड़े मीडिया हाउस में जो बड़े लोग हैं, बड़े मीडिया ग्रुप हैं उनके मालिक या उनका प्रबन्धन ऐसे लोगों के हाथों में रहा है जो अंग्रेजीदां लोग हैं जो हिन्दी नहीं जानते, हिन्दी से ज्यादा दूर-दूर तक वास्ता नहीं रहा, ये एक स्थिति थी। दूसरी स्थिति ये थी कि आपने अंग्रेजी का एक अखबार निकाला अंग्रेजी की मैगजीन निकाली और एक इन्फ्रेस्ट्रेक्चर, एक ढाँचा खड़ा हो गया तो उसको और एक्सप्लाएट करने के लिए उसका एक और दोहन करने के लिए आपने बाई प्रोडक्ट के रूप में, हिन्दी के अखबार, हिन्दी की पत्रिकाएँ निकालनी शुरू कीं कि चलिए भाई पूरा नेटवर्क खड़ा है और इसी से काम चल जाएगा। जब ये स्थिति आती है तो जाहिर सी बात है हिन्दी को पहले दर्जे का मुकाम हासिल नहीं हो पाएगा क्योंकि सारे रिसॉरसेज, सारे संसाधन, सारी पूँजी सारी सोच अंग्रेजी के अखबार या अंग्रेजी के न्यूज चैनल के विकास के लिए लग रही है और हिन्दी उसके साथ-साथ, अपने चार-छः-आठ रख लिए एडिटोरियल में और उनसे ट्रांस्लेशन करवा लीजिए और हिन्दी का अखबार छाप दीजिए फिर ये स्थिति जरा हिन्दी के लिए खराब रही है और उसने हिन्दी को एक अनुवाद की भाषा माना है, दूसरा इन मालिकों या जो बड़ी कम्पनियों के लोग हैं, इनके लिए भी अब प्रिंट के जमाने तक, हिन्दी फुटपाथ की भाषा रही है, जो गरीब लोग पिछड़े लोगों की भाषा है तो उसके लिए उनको पैसा खर्चा करने की वैसी जरूरत महसूस नहीं हुई। उससे उनको कोई इज्जत नहीं मिलती, कोई डिग्निटी नहीं मिलती। जिन पार्टियों में या जिस सर्किल में उनका आना-जाना है घूमना है वहाँ उनको हिन्दी अखबारों या पत्रिकाओं में क्या छप रहा है, इसका कोई फीडबैक नहीं मिलता, अंग्रेजी अखबारों या पत्रिकाओं में जो छप रहा है उसका जरूर उनको फीडबैक मिलता है, इसलिए हिन्दी के बारे में उनको कोई चिन्ता नहीं होना वो जायज है, फिर यही वजह रही कि धीरे-धीरे बाजार का दबाव बढ़ना शुरू हुआ हिन्दी के अखबारों और पत्रिकाओं पर और अन्त में विज्ञापनों की कमी की वजह से एक-एक करके हिन्दी के अखबार और पत्रिकाएँ, अच्छी-अच्छी पत्रिकाएँ बन्द होती चली

बाजार ने हिन्दी की वापसी की

गईं, क्यों, क्योंकि तर्क ये दिया गया कि बाजार जो है एक्सेप्ट नहीं कर रहा है हिन्दी को, ये अखबार और ये मैगजीन घाटे का सौदा होती जा रही हैं लेकिन टी.वी. के आने के बाद ये स्थिति अचानक से बदल गई। अचानक से टी.वी. चलनेवाले लोगों को एक नया उनको ये सच का पता चला कि हिन्दी के बगैर तो आप टीवी के बाजार को पकड़ नहीं सकते हो। जब मनोरंजन के जीटीवी और सोनी जैसे चैनल लोकप्रिय हुए तो स्टारप्लस को स्वतः अपना हिन्दीकरण करना पड़ गया, समझ में आ गया कि, निरी अंग्रेजी का स्टारप्लस तो इस देश में चल ही नहीं सकता और चाहे जो कार्यक्रम दो चाहे जिस तरह की चीजें दो जितना बोल्ड एंड ब्यूटीफुल दिखाओ वो नहीं चलेगा, चलेगी इस देश में तो हिन्दी चलेगी। टी.वी. पे ये एक नई खोज थी और ये बाजार का दबाव था जिसने स्टारप्लस को अंग्रेजी छोड़कर हिन्दी को अपनाने पर मजबूर कर दिया, तो वहाँ से तस्वीर थोड़ी बदलती है और टी.वी. चैनलों पर भी न्यूज चैनलों पर भी हिन्दी की थोड़ी वापसी की सम्भावना बढ़ती है, बाजार में हिन्दी की वापसी की। न्यूज में समाचार में हिन्दी की क्या भाषा हो, तो हमारे सामने यहाँ पर उस समय आकाशवाणी और दूरदर्शन थे, हिन्दी समाचार के नाम पर केवल भारत ही नहीं जो भी वामपन्थी देश रहे हैं या समाजवादी देश रहे हैं उनमें या तानाशाही शासनवाले देश रहे हैं उनमें जो रेडियो या टी.वी. रहा है जो सरकारी मीडिया रहा है वो नेशलिस्ट मीडिया रहा है। जिसका काम था राष्ट्र का निर्माण करना जो जिसका श्रोता या जिसका दर्शक जो है वह नागरिक हुआ करता या देश का नागरिक है वो, और उसको हमें इनफार्मेशन देनी है क्या इनफार्मेशन देनी है, कि आपका विकास हो रहा है ये लोग

नेशनलिस्ट मीडिया बाजार का मीडिया

ऑब्जैक्टिव या एक आब्जेक्ट लेकर नेशनलिस्ट मीडिया चलता रहा। पिछले चालीस-पचास सालों में इस देश में या दूसरे देशों में जैसे पाकिस्तान है या दूसरे वामपन्थी देशों में ये नेशनलिस्ट मीडिया का ये एप्रोच रहा लेकिन जिन देशों में पूँजीवाद रहा, जहाँ बाजार ने डॉमिनेट किया फिर वहीं बात आई। वहाँ इस मीडिया की शक्ल बदली, वहाँ पर कैपीटलिस्ट मीडिया के लिए जो उसका श्रोता या पाठक था जो कंज्यूमर हो गया, उपभोक्ता हो गया, वो उसका ग्राहक हो गया उसको जो समाचार उसको देना है या उसको जो चीज उसको देनी है वह इनफॉर्मेशन नहीं देनी है उसको मनोरंजक कार्यक्रम देना है। इंटरटेनिंग कार्यक्रम बढ़ेंगे, उतने

उसके दर्शक बढ़ते हैं उतना उसका बाजार बढ़ता है तो बाजार के कारण कैपिटलिस्ट मीडिया की पूरी एप्रोच दूसरी थी, नेशलिस्ट मीडिया की पूरी एप्रोच दूसरी थी, अब इसी बाजार की वजह से न सिर्फ मनोरंजन के कार्यक्रमों पे, इंटरटेनमेंट के कार्यक्रमों की शक्ल-सूरत पर भी बल्कि खबरों का भी चेहरा बदला, खबरों की भी शैली बदली, खाड़ी युद्ध के समय सी.एन.एन. ने इस चीज को साबित किया कि समाचार भी समाचार की रंजकता वही मनोरंजक चीज हो सकते हैं। हर घर में भारत के हर घर में अगर केबल टी.वी. का फैलाव हुआ उसके पीछे बहुत बड़ा हाथ खाड़ी युद्ध का रहा, जहाँ लोग ये देखने के लिए अपने टी.वी. खोलकर बैठे रहते थे कि कब इधर से स्कड चलता है कब उधर से पैट्रियॉट चलता है और आसमान में टकरा जाता है। यहाँ युद्ध को भी बड़ी मनोरंजक इविंट बनाकर सी.एन.एन. ने पेश किया तो इसने समाचार की पूरी कवरेज की शैली को बदला, एक नया बाजार क्रिएट किया कि समाचार भी, खबर भी बिक सकती है। खबर के लिए भी अच्छा बाजार है और लोगों को खबर एक नए तरीके से दी जा सकती है। लाइव कवरेज का एक नया कंसेप्ट सामने आया कि ज्यादा-से-ज्यादा लाइव करके जल्दी-से-जल्दी पहले खबर यदि दी जाती है तो दर्शक उस खबर की तरफ खिंचते हैं, दर्शक उस चैनल की तरफ आकर्षित हो रहे हैं ये साबित हुई। इसके बाद 1994 के आसपास हिन्दी में शायद सबसे पहले निजी न्यूज बुलेटिन की शुरुआत हुई। (व्यवधान ! समय कम है जल्दी करता हूँ)। जी. न्यूज की शुरुआत हुई तो इन्होंने क्यों, इनकी भाषा क्या थी, इनकी भाषा थी हिंगलिश क्यों, क्योंकि इन्होंने सोचा कि जो हमारा श्रोता है वो या तो मैट्रो शहरों का श्रोता है या तो खाड़ी के देशों का श्रोता है, यानी यहाँ से, पाकिस्तान से, बँगलादेश से यहाँ से जानेवाला श्रोता है जो थोड़ी-बहुत ऐसी हिन्दी जानता है जो अंग्रेजी के शब्द अगर उसमें डालें तो उसको आसानी से समझ में आएगा। ये हिन्दी पता नहीं खाड़ी के देशों में कितनी चली ? पता नहीं क्या हुआ, क्या नहीं हुआ ? भारत में तो कम-से-कम ये हिन्दी चली नहीं। लोगों को लगा कि कोई दूसरे लोगों की भाषा को ले आ रहे हैं। 1995 में जब 'आजतक' शुरू हुआ तो 'आजतक' ने इस चीज को पहचाना कि टी.वी की भाषा ऐसी होनी चाहिए, तो उसके दो दर्शक हैं उनकी जमीन से ही उस भाषा का सीधा रिश्ता होना चाहिए जो हिन्दी के लोग हैं वो कैसे बर्ताव

खबर का बाजार और हिंगलिश

करते रहे हैं। कैसे मुहावरे बोलते हैं, कैसी चीजें इस्तेमाल करते हैं वो किस तरह से संवाद करते हैं, भाषा उनकी होनी चाहिए। इसके पीछे सच क्या है, आप देखें कि खबर है, आज तक हिन्दी का नया संस्कार खबर है संवाद है, समाचार है : सीधे-सीधे संवाद। जब दो आदमी मिलते हैं तो एक पूछता है भाई क्या हालचाल है, हालचाल का मतलब क्या पूछा, क्या खबर है वो बताता है कि बेटा जो पास हो गया। अच्छी बड़ी खुशी की बात है, कि फलाँ बीमार है अच्छा क्या हाल है। वो जब संवाद कर रहा है तो एक-दूसरे को खबर ही दे रहे हैं। यानी आप संवाद कर रहे हैं तो खबर दे रहे हैं, खबर कर रहे हैं तो संवाद दे रहे हैं। संवाद के अलावा कोई दूसरी चीजें। इस चीज को जब आप पहचाने, तो आप खबर की भाषा को, संवाद की भाषा को बनाएँगे जैसे आप बोलते हैं वैसे लाएँगे। लिखित जो भाषा होगी अखबार की भाषा वो थोड़ी दूर का रिश्ता जोड़ती है क्योंकि आपने चिट्ठी लिखी है अपने किसी दोस्त को, तो आप थोड़ा औपचारिक होते हैं या लेकिन यदि आप किसी दोस्त से मिलते हैं तो अनौपचारिक होते हैं। 'आजतक' में अपनी भाषा में इसी अनौपचारिकता को रखने की कोशिश की कि नहीं हमारा जो समाचारवाचक है, हमारा जो न्यूज एंकर है वो जब आपके ड्राइंग रूम में आता है तो आपका एक विश्वसनीय दोस्त बनकर आता है, जो आपको थोड़ा, पूरा नहीं थोड़ा, बेतक़ल्लुफ़ हो के आपको खबरें दे रहा है, आपको अपने इर्द-गिर्द की चीजें बता रहा और समझा रहा है। उसकी भाषा में गर्मजोशी थी, उसकी भाषा में जिन्दादिली थी, उसकी भाषा सपाट, बेजान भाषा नहीं थी तो ये इसलिए 'आजतक' को लोगों ने पसन्द किया कि नहीं कम-से-कम ये चैनल हमारी भाषा में बात करता है, जो ये कह रहा है सीधे-सीधे कह रहा है, इसमें कोई लाग-लपेट नहीं है लेकिन इधर पिछले कुछ सालों से टी.वी पे हमने देखा कि 'आजतक' के आने के बाद ये भी है कि जी. न्यूज ने अपनी भाषा कुछ दिन के लिए बदली, कुछ उन्होंने हिन्दी को अपनाया लेकिन इधर एक-दो साल से मैं देख रहा हूँ वापस, ये कि जो तमाम चैनल हैं, उनकी भाषा में वापस अंग्रेजी के शब्दों का, अंग्रेजी के वाक्यों का इस्तेमाल बढ़ने लगा है।

आजतक : बातचीत की भाषा

अब इन चैनलों पे ज्यादातर चैनलों में चाहे फोन-इन हो रहा है संवाददाता का, चाहे एंकर पढ़ रहा हो, चाहे कॉपी ही लिखी गई हो, बहुत मामलों में न भाषा सही होती है, न व्याकरण सही

हिंगलिश

होता है, न उच्चारण सही होता है। एक-दो उदाहरण मैं देना चाहूँगा बिना किसी नाम के, कि 'समताप टीं ने एक नया डिमांट रख दिया है' अब ये क्या हिन्दी है ? बोलो ? एक और है कि बंगाल के बारे में खबर थी, कि 'प्रदेश भाजपा सैंतालीस सीटें माँग रही थी, तृणमूल कांग्रेस ने थरटीनाइन सीट दे दिया है, अब प्रदेश भाजपा के नेता हाईकमान को कन्वींस कराने के लिए दिल्ली कूच कर गए हैं।' अब ये भाषा हम रोज टी.वी पर सुन रहे हैं, भाई तो ये कौन सी हिन्दी है। आप क्या दे रहे हो ? 'अब फीस उन्हीं से ली जाती है जो एफोर्ड कर सकें' अरे भाई 'फीस उन्हीं से ली जाती है जो दे सकें' क्यों नहीं लिख सकते आप, तो ये एक अजीब सा एक ट्रेंड चला है और इस ट्रेंड के पीछे कहीं ये एक मान्यता है, लोगों के दिमाग में, चाहे वो चैनल को चलानेवाले लोग हैं, उनके मालिक हैं, उनके प्रबन्धक हैं, एक ये मान्यता हैं, उनके दिमाग में गहरे कि नहीं आजकल जो लोग हैं वो बहुत अंग्रेजी मिलाकर हिन्दी बोलने लगे हैं, तो भाई बहुत गिने लोग हैं, जो बहुत इलीट क्लास के लोग हैं और उनको हिन्दी आती नहीं इसलिए आप अंग्रेजी के शब्दों का इतना इस्तेमाल करते हैं, लेकिन अगर मैं आपसे पूछूँ कि ठीक है कि आप अंग्रेजी के शब्दों का इतना इस्तेमाल करते हैं, लेकिन अगर मैं आपसे पूछूँ कि ठीक है कि मैं आपकी अंग्रेजी कुछ इस तरह बोलूँ कि—'आज भारतीय प्रधानमन्त्री मिस्टर अटलबिहारी वाजपेयी आज सैड कि वी वील गीव मुँहतोड़ जवाब टू पाकिस्तान' तो ये अंग्रेजी आपको बर्दाश्त होगी क्या ? किसी अंग्रेजीवाले को बर्दाश्त होगी क्या ? हम हिन्दीवाले हैं कि हम इसको बड़े आराम से बर्दाश्त किए जा रहे हैं कि आप हमारी हिन्दी का सत्यानाश किए जा रहे हो, तो ये और ये दुर्गति हिन्दी की सिर्फ इसलिए हो रही है कि मैंने जो कारण बताया कि जो मालिक हैं, प्रबन्धक हैं या तो उनको हिन्दी आती नहीं, उनको बिल्कुल हिन्दी नहीं आती या जो हैं हिन्दी है या तो उनको परवाह नहीं। उनको है चैनल चल रहा है खबरें चल रही हैं थोड़ा बहुत प्रॉफीट आ जा रहा है, हमारा काम हो गया, हमको कोई हिन्दी की सेवा थोड़ी करनी है। तीसरी स्थिति ये है कि बहुत सारे समाचार चैनल हिन्दी के भी ऐसे हैं जहाँ सम्पादकीय विभाग में बड़े पदों पर ऐसे लोग बैठे हैं जिनको हिन्दी ही नहीं आती तो वो हिन्दी की परवाह कैसे करेंगे ? चौथी चीज ये है कि कई बार ऐसा होता है कि जो मालिक जो होता है वो कहता है

जो हमारी भाषा है वही हिन्दी है। हमारे यहाँ अरुण पुरी जी आए शुरू में और हमने लिखा 'खुला विस्फोट' तो उन्होंने कहा 'विस्फोट' वाई केन नॉट यू राईट बलास्ट,' तो हमको ब्लास्ट करना पड़ा और तब से हम आज तक ब्लास्ट ही कर रहे हैं क्योंकि अरुण पुरी जी को समझ में नहीं आता था विस्फोट। तो कुछ तो भाषा की ये मजबूरियाँ हैं, समझ रहे हैं, तो इसलिए लेकिन ये हिन्दी के ही साथ होता है। आज देखिए कि इसी देश में मराठी हैं, गुजराती हैं, तमिल हैं, ऐसी दुर्गति उनकी भाषा की नहीं रही है। हिन्दीवालों के साथ होती है क्योंकि जैसा मैंने शुरू में कहा कि हिन्दीवालों ने कभी सोचा ही नहीं कि हमारी हिन्दी कैसी होनी चाहिए। इलेक्ट्रॉनिक मीडिया हो, चाहे अखबार हो, अखबारों के लिए भी यही चलन चल रहा है कि नवभारत टाइम्स है चाहे दैनिक हिन्दुस्तान है या जागरण है सबमें होड़ सी लगी है वो कैसे अंग्रेजी को ज्यादा-से-ज्यादा मिला सकें। एक जनसत्ता अखबार जरूर दिखता है जिसमें अभी तक चे चीज नहीं है, वे अच्छी हिन्दी लिख रहे हैं सही हिन्दी लिख रहे हैं। हिन्दी के प्रति एक तो सावधानी बरतने का जो भाव है वो सिर्फ जनसत्ता में मुझे दिखता है, तो हमारा सिर्फ इतना आग्रह है कि आप भाषा में, जैसा कि अचलाजी ने कहा कि क्या भाषा को दूसरी भाषाओं से शब्द लेने चाहिए, इस पूरी बातचीत का मतलब ये नहीं है कि आप दूसरी भाषाओं से शब्द मत लीजिए। कोई भाषा जिन्दा रह ही नहीं सकती अगर वो दूसरी भाषाओं से शब्द नहीं ले। हिन्दी में तुर्की भाषा के हजारों शब्द हैं, अंग्रेजी भाषा के भी पाँच-छः हजार शब्द हैं, तमाम अरबी फारसी के बहुत सारे शब्द हैं तो इन सारे शब्दों को लेकर भाषा चलती है लेकिन क्या है कि जो शब्द आपको वो शब्द लेने चाहिए जो स्थितियाँ या जो चीजें आपके यहाँ नहीं हैं (दो मिनट और), जो चीजें आपके यहाँ नहीं हैं, जैसे आप ने स्टेशन ले लिया ठीक है, बस ले लिया ठीक है, फ्लाई ओवर ले लिया ठीक है। लेकिन मैं सिर्फ एक-दो उदाहरण दूँगा कि जैसे वन डे क्रिकेट की बात थी, प्रभाषजी ने उसे फटाफट क्रिकेट कर दिया। ये अंग्रेजी का हिन्दीकरण, समझे न। ये सेंस होना चाहिए। ये प्रभाषजी विद्वान आदमी हैं। आप भारत के गाँवों में चले जाइए गाँववाले ने जो मोटर साइकिल देखी उसको समझ में नहीं आया कि ये क्या है, उसने कहा कि फटफटिया उसने उसकी आवाज सुनी और मोटरसाइकिल को फटफटिया कर दिया। राजस्थान में मैं रहा हूँ,

राजस्थान में मैंने लोगों से सुना है कि वो हवाई जहाज को चील गाड़ी बोलते हैं, ठीक है जो उनकी समझ है, वो फ्रीज को ठंडी अलमारी बोलते हैं और ये ठंडी आलमारी अच्छे-खासे मध्यवर्ग के घरों में सुना है ये शब्द, कि ठंडी अलमारी से बोतल निकाल लो। फ्रीज नहीं बोलते, क्यों जो भी उनकी जो भी उनकी समझ है उनको अपनी भाषा के प्रति लगाव है और उन्होंने अंग्रेजी के शब्दों का एक हिन्दीकरण किया। मेरा भी यही कहना है कि आप हिन्दी का अंग्रेजीकरण न करो अंग्रेजी का हिन्दीकरण करके ले लो अपने यहाँ, इसमें क्या बुराई है ? और जितने जो अगर आप शब्द नहीं लोगे दूसरी भाषा से तो हिन्दी नहीं चलेगी लेकिन आपको शब्दों को लेने में सावधानी होनी चाहिए और आप ऐसे लीजिए कि आपकी भाषा का तेवर नहीं बिगड़े, बदले, आपकी भाषा जो है उसका गौरव बना रहना चाहिए।

सुधीश पचौरी

भाई नकवी जी अब ये जी हम सोच रहे थे कि जो वक्ता बोले उस पर कोई बातचीत भी हो। तो बातचीत का समय भी भाई नकवी ले गए, हम ये देखेंगे कि कुछ समय मिल जाए हमें, लेकिन फिलहाल हम अगले वक्ता की ओर जा रहे हैं..., मृणाल पांडेजी से आप सब परिचित हैं, हिन्दी की प्रख्यात कथा-लेखिका हैं और टेलीविजन एंकर हैं, न्यूज कास्टर हैं, 'मृणाल की बैठक' आप सबको याद होगी ही, उनकी भाषा, शैली, एकदम अलग और इन तमाम सवालों पर उन्होंने बहुत सोचा है, लिखा भी है। वे **'इलेक्ट्रॉनिक मीडिया में हिन्दी श्रोता और दर्शक कौन–आडियेंस क्या है क्या है एक नया पहलू है भाषा और आडियेंस के बीच का'**–इस वे बोलेंगी–आदरणीया मृणाल पांडेजी–

हिन्दी के पाठक, श्रोता और दर्शक का प्रोफाइल : मृणाल पांडे

प्रिय मित्रो, मैं कोशिश करूँगी कि बहुत संक्षेप में मैं अपनी बातें आपके सामने रखूँ। मैं उतने सुनियोजित तरीके से जैसे नकवी

साहब ने बातें प्रस्तुत कीं वैसे नहीं कर रही हूँ। क्योंकि मैं जो बातें कह रही हूँ वो व्यक्तिगत और काफी हद तक अपने निजी अनुभव और अपने निजी पत्रकारिता के विकास की यात्रा से जोड़ करके कह रही हूँ। जब नकवी साहब विस्फोट की बात कह रहे थे तब मुझे छोटा सा विस्फोट एन.डी.टी.वी. का याद आया कि जैसा कि अब तक आप सबको मालूम है कि वहाँ ऑटो क्यू में रोमन अंग्रेजी में हिन्दी लिखी जाती है तो अपने तरह के कुछ अद्‌भुत सांसारिक अनुभव पैदा करती है। बहरहाल उसमें एक बात थी कि पटना में बम विस्फोट हुआ और उसमें इतने लोग मारे गए और अचानक वो मेरे सामने वो आया और स्पेंलिंग मैं आपको बता रही हूँ 'बी.यू.एम. विस्फोट' की बाकी 'वी.आई.एस.एफ.टी.ई.' जो भी हो और पढ़ते हुए मुझे इतने जोरों से हँसी आई कि मैं बहुत गहरी लज्जा अनुभव करती हूँ। बम-विस्फोट फोरच्यूनेटली वो स्क्रॉल कर रहे थे तो उस वक्त ब्रेक था मुझे इतनी जोरों से हँसी आई, अमूमन मैं बैठती हूँ तो उस वक्त मेरा चेहरा भावहीन होता है और उसके बाद जितने भी बच्चे यहाँ थे वो जानना चाहते कि पांडे आप क्यों हँसी तो मैं उनको क्या बताती कि एक अद्‌भुत सांस्कृतिक 'विस्फोट' आप कर रहे हैं।

एनडीटीवी में हिन्दी

तो मैं यहाँ से बात शुरू करती हूँ कि बहुत संजीदगी से भी इस विषय को नहीं लिया जा सकता क्योंकि यह उतना ही संजीदा है जितना हमारा माहौल और हमारा विषय। सचमुच अगर कहूँ तो मैं भाषा की तलाश में भटकती हुई स्त्रियों के संसार को खोज बैठी और स्त्रियों के संसार में रमने के बाद आज पचपन वर्ष की उम्र में भाषा के बारे में श्रोताओं के बारे में, दर्शक के बारे में, एक दूसरी तरह की समझ मेरे अन्दर पक रही है।

मुझे ये लगता है कि कई मायनों में स्त्री की स्थिति और हिन्दी की स्थिति बहुत हिन्दी की स्थिति स्त्री की स्थिति की तरह है। समान्तर चलते हैं। हमारे समाज में हम सभी जानते हैं, लिंग-भेद व्याप्त है और वर्गगत भेद भी है लेकिन भाषागत भेद भी है और ये तीनों भेद अगर आप इनको खोलकर के देखें तो इसमें जो इलीट वर्ग है, वो भी एक ही है और उसकी मार सहनेवाला वर्ग भी एक ही है मसलन लिंग-भेद के द्वारा स्त्री और पुरुषों की दुनिया अलग कर दी गई है।

हिन्दी की स्थिति स्त्री की स्थिति

इसी को आगे आप भाषा के स्तर पर देखें तो आप देखेंगे कि निन्यानवे फीसदी औरतें भारतीय भाषाएँ बोलती हैं, बमुश्किल

एक प्रतिशत औरतें अंग्रेजी बोलती हैं तो इस प्रकार से सत्ता या शक्ति या बाजार से खारिज करनेवाला एक ही उपकरण बनता है और फिर वर्ग भेद तो हमारे यहाँ है ही। क्लास डिफरेंस, क्लास भेद वर्ग भेद को यदि आप देखें तो जो इलीट वर्ग है चाहे वह हिन्दी पट्टी का हो या दक्षिण भारत का हो, पूर्व का हो, पश्चिम का हो, वहाँ सभी जगह स्त्रियों और पुरुषों की भाषा अंग्रेजी है। स्त्री कई मायनों में निम्नवर्ग के असवर्ण पुरुष से ज्यादा ताकतवर है। भाषा की दृष्टि से ये दिखता है, उसके पहनावे, उसके व्यक्तित्व से ये बात दिखती है और उसके सामर्थ्य, और कमाने की क्षमता से ये बात दिखती है तो बात जरा गडमड हो जाती है। सभी स्त्रियाँ समर्थ नहीं हैं लेकिन ज्यादातर स्त्रियाँ असमर्थ नहीं हैं। ज्यादातर स्त्रियाँ समर्थ हैं। इसी तरह हिन्दी सब जगह पिटती नहीं, कुछ जगह पीटती भी है लेकिन अधिकांश जगह हिन्दी ही पिटती है तो ये एक हमारे सामने समान्तर खुलता है। जब हम लोग छोटे थे तो किताब पढ़ने के रिवाज होते थे, बहुत सारी पुरानी किताबें पढ़ी रहती थीं तो एक किताब जो हम भाई-बहनों में उपहास का विषय बनती थी उसका नाम था—'सुन्दर कौन मोडरेट कौन' उसके लेखक थे—राजा राधिका रमण प्रसाद सिंह और उसके कवर पर दो स्त्रियाँ बनी हुई थीं। एक टेनिस का रैकेट और जो जमाने का फैशन या जैकेट और ऊँची साड़ी पारसीवाली पहनी हुई, टेनिस का रैकेटवाली थी वो ऑबिवियसली मॉडर्न थी और दूसरी स्त्री सुन्दर थी जो खाँचे के अन्दर इसी तरह डाली गई थी, उसके खूब बड़ा सा टीका था सिर झुकाए हुए, सिर ढके हुए वो थी और उपन्यास की कथावस्तु वही थी जो क्योंकि सास भी कभी बहू थी वगैरह में आज तक चली आ रही है, कि चाहे मॉडर्न हो लेकिन सुन्दर ही बने रहना, सहनशील बने रहना ही आभूषण है तो ये एक तरह से हम हिन्दीवालों के अन्दर की भी ये आन्तरिक मर्यादाएँ हैं कि हिन्दी को शालीन होना चाहिए। साहब, क्यों शालीन होना चाहिए जब माहौल ही शालीन नहीं है तो क्या हम स्वयंभू है कि शालीन बने रहेंगे। तो चीज जो औरतों पर लागू होती है जो एक प्रकार का विद्रोह हम स्त्रियों में देख रहे हैं और लेकिन उन्हीं स्त्रियों में जो पढ़ी-लिखी हैं, समर्थ हैं और दोनों भाषाएँ जानती हैं। व्यक्तिगत रूप से मैं सोचती हूँ कि मेरी स्वतन्त्रता की सबसे बड़ी बुनियाद और जो मुझे सबसे अधिक आत्मविश्वास देती है, वो ये क्षमता कि मैं अंग्रेजी में भी तुर्की

बतुर्की जवाब दे सकती हूँ और इसलिए हिन्दी के पक्ष में ज्यादे सबलता से कम-से-कम अपनी नजरों में रख सकती हूँ। और ये बात स्त्रियों के ऊपर जितनी लागू होती है उतनी ही भाषा के ऊपर लागू होती है इसलिए मुझे लगता है कि जो अन्य भाषाओं से शब्द लेने की बात है, मेरे ख्याल से अन्य भाषाओं से शब्द लें न लें, हिन्दी के हर एक हिन्दी में काम करनेवाले, हर एक व्यक्ति को चाहे वो शोधकर्ता हो चाहे वो छात्र हो, चाहे वो एंकर हो, जितनी ज्यादा भाषाएँ वो सीख सके उतनी ज्यादा भाषा उसे सीखनी चाहिए क्योंकि ये एक प्रकार से आपके रक्षा कवच बनते हैं, उसके अतिरिक्त हम जिसे हम अंग्रेजी में कहते हैं 'नो योर एनेमी बेटर' अगर आपको अंग्रेजी से लड़ाई लड़नी है तो पहले आपको जाकर सीखना होगा कि अंग्रेज कैसे लड़ता है, कैसे बोलता है, क्या करता है कि जैसे गाँधीजी ने किया था कि उसको उसी के जमीन में शर्मिन्दा किया जाए, मारना जरूरी नहीं है, शक्ति को नष्ट करना जरूरी नहीं है, सिर्फ शक्ति को अपनी अतिरिक्त शक्ति होने के लिए शर्मिन्दा करना जरूरी होता है। तो इसलिए मुझे ये लगता है कि स्ट्रेटजी के लिए रणनीति के लिहाज से हिन्दी के लिए ये कतई जरूरी नहीं कि मंच पर चढ़ के और बाहें समेटकर गाली-गलौज करें, वो अंग्रेजी को पानी-पानी कर सकती है सिर्फ निहायत सटीक होने से, सिर्फ निहायत शरीफ होकर के और निहायत अंडरस्टेटेड होकर के। बहुत दबे स्वर में लेकिन एक सवाल मुझे याद है कि मेरे पिता के एक मित्र थे वो अचानक मन्त्री बन गए वो बहुत फुदका करते थे, पत्नी उनकी बहुत सीधी-सादी पहाड़ी महिला थी और वो हमारे यहाँ उनको नई जीप मिली थी, तो वो मेरे पिताजी को दिखाने के लिए अपने पूरे परिवार को लेकर के, कूद करके उतरे और कहा देखिए पन्त साहब ये है, वो है सत्ता में इतना मुझे काम रहता है और जैसे छुटभैये, छोटे शहरों के नेता बोलते हैं, वो सब करह रहे थे, उसके बाद जो जाने लगे तो जीप स्टार्ट नहीं हुई, उन्होंने री-स्टार्ट की फिर स्टार्ट नहीं हुई, तो फिर वे उतरे उन्होंने अपने बच्चे-कच्चे को उतारा और कहा कि धक्का लगाओ तो उनकी जो पत्नी थी वो थोड़ी ऐसी घूँघट करके मेरी मदर के पास चुपचाप खड़ी थी, तब तक खास बोली नहीं थी, दबे स्वर में उन्होंने कहा, 'बैठ गोछा जीपम्'। बैठ गए हो जब जीप में। तो मुझे लगता है कि हिन्दी रणनीति यही होनी चाहिए, अंग्रेजी बिल्कुल जिसे पहाड़ी में कहते

हिन्दी के लिए रणनीति

हैं 'फाइन' हो जाए तो उस वक्त उससे पूछे कि क्यों बैठ गए हो जीप में। तो ये मुझे लगता है कि हम लोगों ने बहुत शक्ति क्षय की है बतौर एक स्त्री भी गुस्सा होने में शक्ति क्षय की है, गुस्सा जरूरी नहीं है एक उग्रता जरूरी है लेकिन गुस्सा जरूरी नहीं है क्योंकि गुस्सा आपको अपनी बुराइयों और कमजोरियों के प्रति अन्धा करता है। इसलिए जब मैं दर्शक और श्रोता की बात अब कर रही हूँ वो ये है कि हमारे जो पारम्परिक हिन्दी के दर्शक और श्रोता हैं वे अभी सद्‌गुणी सहिष्णु महिलावाला तेवर रखे हैं। लेकिन पिछले कम-से-कम दस-पन्द्रह वर्षों में बहुत तेजी से हिन्दी का दर्शक, श्रोता बहुत तेजी से, बढ़ा है, फैला है और ये वो नवसाक्षर वर्ग है जो हमारे गाँवों में, छोटे कस्बों में फल और फूल रहा है और वो ये वर्ग है जो हिन्दी से सहिष्णुता की माँग नहीं करता वो चाहता है कि हिन्दी का मुहावरा उग्र हो, दबंग हो और उसको इससे कोई फर्क नहीं पड़ता कि हिन्दी अंग्रेजी से शब्द ले रही है कि अंग्रेजी का हिन्दीकरण कर रही है, उसको यह चाहिए कि उसके तेवर सटीक हों और जो वो विश्लेषण कर रही हो वो सटीक और उनके दिल में उतरनेवाला हो इसलिए उसको ऐसी हिन्दी पसन्द नहीं आती है, जो कहीं से भी उसको ये लगे कि उसमें अनुवाद की बू आ रही है और इसकी वजह से कि जिस भाषा से अनुवाद हो रहा है उस भाषा से उसकी बहुत और किस्म के साँठ-गाँठ है सिर्फ भाषायी साँठ-गाँठ ही नहीं हैं जैसे अभी ये पानी की बोतल पे 'हिमालयन वाटर' लिखा है और ये इसमें लिखा है जो मैंने अनुवाद में पढ़ा उसको, कि ये 'हिमालय का वाटर' है जो 'इज बिन सरटीफाईड बाइ इंस्टीच्यूट ऑफ फॉर सी नियोसो हाटाएमर ऑफ जर्मनी'। मतलब हिमालय से आप पानी लाएँ फिर आपने उसको जर्मनी भेजा वहाँ से उसमें बढ़िया का ठप्पा लगा कर फिर उसमें गुलाबी रंग का लेबल बना उसके बोतल में चिपका करके, तब आपने उसको प्रस्तुत किया और ये हिमालय का पानी हिमालय के लोग नहीं पीते, मैं तो उसी इलाके से आती हूँ मुझे मालूम है पाँच-पाँच छः-छः घंटे औरतों को लगते हैं सिर पर वो सब मटके रखके, बड़े-बड़े गगरिया रख के, कड़ेवाली गगरिया हाथ में ले के पानी का सन्धान करते हैं लेकिन हिमालयाज वाटर यहाँ पर है तो जो गुस्सा अंग्रेजी से है, तो गुस्सा इससे नहीं है। गुस्सा इससे है कि पानी के स्रोत सूख गए हैं, पहाड़ कट रहे हैं, जमीन बाहरवालों के हाथों में बिक रही है। कौन है जो मिनरल वाटर के

भाषा सटीक हो

क्रेट यहाँ रख करके, अल्मोड़ा, विन्सौर और कोसानी में इस्टेट खरीद रहे हैं और वहाँ जा करके छुट्टियाँ बिता रहे हैं, उसमें बहुत सारे टी.वी. के चैनलों के कर्त्ता-धर्ता और उनके बच्चे-कच्चे भी हैं, बहरहाल यह अवान्तर प्रसंग है इस पर फिर कभी। कमलेश्वरजी देख रहे हैं तो मुझे डर लग रहा है तो इसलिए हिन्दी के दर्शक श्रोता कौन हैं हिन्दी के दर्शक श्रोता पारम्परिक भी हैं और गैर पारम्परिक भी जो मैंने कहा कि जो नई पौध है, जो नई फसल है, जो नई तरह से सोच रही है, जिसके जीवनानुभव जिसकी रोजमर्रा की जिन्दगी बिल्कुल फरक किस्म की है। और ये काफी कुछ फिर स्त्रियों की दुनिया में लौटे तो उसी तरह से है कि अस्सी के दशक में जब मैं वामा पत्रिका का सम्पादन कर रही थी, उस वक्त हमारे जो पाठक थे या हमारी जो पाठिकाएँ थीं वो बिल्कुल वो एक पारम्परिक मध्यवर्गीय पढ़ी-लिखी महिलाएँ थीं जिनके मन में एक सुगबुगाहट या एक तरह के चिड़चिड़ाहट, एक तरह का आक्रोश वर्जनाओं के प्रति, समाज में स्त्री की स्थिति के प्रति था लेकिन उनकी तादाद बहुत अधिक नहीं थी उसके बाद में वर्षों में, पिछले बीस सालों में बहुत तेजी से उन महिलाओं की तादाद में वृद्धि हुई है और लेकिन वो सब महिलाएँ एकदम उन महिलाओं की तरह नहीं हैं, उन्होंने उन महिलाओं के होने का ये लाभ पाया है कि उन्हें बहुत सारी आजादी विरासत में मिली है लेकिन उस आजादी का उपयोग वो हर तरह से कर रही हैं। अब जैसे ब्यूटी पेजेंट्स और ब्यूटी परेड्स फिर फिर होने लगी हैं। नारीवाद के मुहावरे उधार लेकर के उनको कहा जा रहा है कि बिल्कुल सही है क्योंकि अगर देह पर स्त्री का अधिकार है तो उसका पूरा अधिकार ये भी है कि वो उसे देह का प्रदर्शन करे, जितने कपड़े पहने या न पहने यह उसका सहज अधिकार है, ये भी अवांतर प्रसंग है बहरहाल इसको भी हम अलग रखते हैं क्योंकि अब अचला भी देख रही है।

हिन्दी के पाठक श्रोता और दर्शक

नारीवाद की व्याख्या, नारीवाद की मैग्जीन, नारीवाद की लेखन के लिए उसी तरह से हिन्दी के लिए भी जो हमारे पिछले बीसेक वर्षों में आलोड़न भरे हुए हमारे लोकतन्त्र के साल हुए हैं, उसकी वजह से एक नई तरह का श्रोता पैदा हुआ है। इस नई श्रोता को बहुत तरह की चीज चाहिए। उसमें इसे हिन्दी तो चाहिए ही, इसलिए नहीं कि उसको उसी तरह का आदर्शवादी नाता है, जैसा कि उससे पूर्ववर्ती पीढ़ी का था हिन्दी के साथ में। लेकिन

नये पाठक श्रोता दर्शक का प्रोफाइल

वो उसके लिए हिन्दी क्योंकि सहज बोधगम्य है और उसमें वह जटिल सवालों का जटिल जवाब चाहता है। इसलिए उसको ये जवाब ऐसी भाषा में चाहिए जो आसानी से उसकी समझ में आ जाए। और वो भाषा उसके लिए अंग्रेजी अभी कम-से-कम अगले दसेक वर्षों के लिए नहीं हो सकती है, क्योंकि हमारी जितनी शिक्षा संस्थाएँ हैं उन सबमें राजनीतिक कारणों से हिन्दी माध्यम की पढ़ाई पूरी हिन्दी पट्टी में एक तरह से सरकारी स्कूलों में लाजिमी कर दी गई है, जिससे हिन्दी का बहुत नुकसान हुआ है और उन बच्चों को जो सरकारी शिक्षण संस्थाओं से पढ़कर निकले हैं, अंग्रेजी इतनी नहीं आती है कि उसमें एक जटिल सवालों के जटिल जवाब समझ सके। लिहाजा उन्हें हिन्दी चाहिए, लेकिन उनको अंग्रेजी भी चाहिए, क्योंकि वो देख रहे हैं कि जिसके भी पास सत्ता भी है, दौलत भी है जो...उनकी दृष्टि में क्योंकि इस हिस्से में लिंग भेद काफी गहरा है। 'क्योंकि देखो लुगाई है गाड़ी चला रही है। लुगाई है सिर उघाड़े है', 'लुगाई है पर उसके बाल कटे हुए हैं', देखो क्या आराम से बैठकर टी.वी. देखकर एक्टिंग कर रही है। साली इससे तो हम ही बुरे !' तो ये जो सोच है कि 'देखो इसको अंग्रेजी आती है।' तो इसलिए इस औरत से बस का एक कंडक्टर बेहद बुरी तरह से पेश आता है, क्योंकि उसको उस औरत से परहेज नहीं है उतना, जितना कि इस बात से परहेज है, कि चूँकि वो समर्थ लगती है, चूँकि वह संचारणशील है, घर से बाहर निकलकर काम करती है, इसलिए वो...तो जो विस्फोट से लेकर जो अरुण पुरी की तकलीफ है। वो लगभग उसी बस कंडक्टर की तकलीफ है जो कि वो ये देख रहा है कि देखते-देखते बाजी मेरे वर्ग और मेरी हैकड़ी के बाहर जा रही है, इस तरह से जा रही है कि बहुत जल्द लौटकर नहीं आएगी इसलिए वो उसे कहेगा कि सिक्का निकालो, मेरे पास चेंज नहीं है, बिल्कुल नहीं है। साहब, अब दीजिए, मैडम मैं क्या करूँ, आप क्यों ले के चलती हैं सो रुपए का नोट, किसने कहा आप से, होगा आपके पास बहुत पैसा है। तो आप समझ रहे हैं। मेरी बात थोड़ी घूमी हुई पेचीदा है लेकिन अगर आप हिन्दी के सन्दर्भ में ये मानसिकता समझें तो मुझे लगता है कि हिन्दी के दर्शक श्रोताओं की बहुत सारी चीजें समझ में आने लगती हैं। उनका चिड़चिड़ापन है वो भाषा को लेकर ही नहीं है, भाषा को लेकर भी है लेकिन उसके अन्दर उस व्यक्ति का चिड़चिड़ापन है जो जानता है कि उसको

चुनाव की स्वतन्त्रता कभी दी ही नहीं गई। जैसे कि औरतों के मन में ये चिड़चिड़ापन है कि चुनाव की स्वतन्त्रता उनको दी ही नहीं गई, होश सँभालते उनको बता दिया गया स्कूल में आओगी, कॉलेज में पढ़ोगी और उतना ही पढ़ोगी जितना तुम्हारा पति चाहेगा, नौकरी करोगी तो उसके परिवार की स्वीकृति लेकर ही करोगी। हिन्दी के पाठक के मन में ये है कि होश सँभालते ही हमें सरकारी स्कूल भेज दिया गया क्योंकि हमारे बाप प्राइवेट स्कूल में नहीं पढ़ा सकते थे उसी तरह की किताबें पढ़ करके उसी तरह से हिन्दी सीख करके हम चाहे अव्वल दर्जे में आए लेकिन इसको देखो ये थर्ड क्लास है लेकिन इसने अंग्रेजी स्कूल में पढ़ा है, आइ.ए.एस. अफसर का बेटा है और डॉट कॉम कम्पनी में लग गया है और इसको हमसे दस गुना ज्यादा तनख्वाह मिल रही है, तो भाषा की लड़ाई हमारे यहाँ सिर्फ भाषा की लड़ाई नहीं है वो लिंगभेद की लड़ाई है, वो वर्णभेद की लड़ाई है, वो जातिभेद की लड़ाई है क्योंकि हमारे यहाँ भाषायी आधार पर आप समाज की ढाँचों को ज्यादा साफ तौर से देख सकते हैं और ये लड़ाइयाँ लड़ी जा रही हैं टी.वी. के चैनल पर न्यूज भाषा के मार्फत। ये मुझे समाजशास्त्रीय दृष्टि से बहुत रोचक लगती है क्योंकि इन भाषाओं के अन्दर बहुत सारी जातियाँ, बहुत सारे वर्ण, स्त्री और पुरुषों के विभेद उनके आपस में आकर्षण और विकर्षण का एक निर्मम और लम्बा इतिहास छिपा हुआ है।

कनरस और बतरस की भाषा

इसलिए मैं समाचारीकरण की दृष्टि से मैं देख रही हूँ कि मेरे बगल में अजयजी बहुत बढ़िया आँकड़े लाए हैं जो निश्चय ही प्रस्तुत करेंगे कि कितने प्रतिशत हमारे श्रोता हैं। टी.आर.पी. रेटिंग्स क्या हैं या उस सबको मैं कहती हूँ कि थोड़ी देर के लिए भूल जाइए विशुद्ध मानवीय दृष्टि से देखिए कि भाषा से हमारा कितना जैविक रिश्ता है और जब हम रस लेकर उसकी बात करते हैं तो उस संवाद की सृष्टि होती है जिससे बाद में जाकर कमबख्त की मार ये टी.आर.पी. या टी.आर.पी. जो भी है, निकालते हैं, लेकिन हिन्दी अपने गुस्से में, अपनी चिढ़ में और अंग्रेजी के प्रति विद्वेष में अपनी वर्गगत विद्वेष, लिंगगत विद्वेष की वजह से रस खो रही है। एक लेखक और एक पाठक के बतौर मुझको इससे बहुत भय होता है हिन्दी की आत्मा रसहीन होती जा रही है। अखबारों में जब पढ़ती हूँ, एडीटोरियल्स पढ़ती हूँ, लम्बे-चौड़े लेख पढ़ती हूँ, मन में ये लगता है कि ठीक है, तर्क की धरातल से बात

आप लोगों को समझा रहे हैं लेकिन आप अपने गुस्से से उनके गुस्से की सोच रहे हैं लेकिन गुस्से को डिकंस्ट्रक्ट करके नहीं दिखा रहे हैं कि इस गुस्से का तीन चौथाई कारण ही है और उनसे उस धरातल पर बेकार अपनी शक्ति क्षय करना है। होना ये चाहिए कि आप चुपचाप खड़े रहे और कहें कि 'बैठ गए जीपम्' अपनी भाषा बढ़िया तरह से सीखें उसको कटाव पैदा करें उसमें वो शर्मिन्दा करनेवाली उत्साहित करनेवाली। ये क्षमता जब तक कनरस और बतरस हिन्दी फिर से नहीं लेगी क्यों हमारे यहाँ आज कमलेश्वरजी या शिवानीजी जैसे नहीं ज्यादा तादाद में दिखते हैं, जिनका लिखा लाखों लोग कहेंगे कि इतनी शुद्ध हिन्दी ये तो कोई नहीं पढ़ेगा। सच्चाई ये है कि वो हिन्दी में बहुत कम लेखिकाओं में से हैं जो सिर्फ अपनी रॉयल्टी के होते बिना एक धेला लिए अपने दमखम पर जिन्दा हैं।

सूखे रेटिंग्स या चैनलों को हमको डॉट कॉम के तहलके के उभार में ही हिन्दी के सवाल को नहीं देख सकते हैं। मुझे ये लगता है कि हमें पूरे समाज, पूरी राजनीति, राज, समाज, स्त्री-पुरुष के सम्बन्ध सबके परिप्रेक्ष्य में हिन्दी को देखना होगा। अन्त में मैं आती हूँ 'आजतक' की बात पर तो 'आजतक' मुझे बहुत अच्छा लगता था और चूँकि एस.पी. से मेरा गहरा और सच्चा स्नेह था इसलिए भी मुझे लगता था, तभी मुझे लगने लगा था कि आजतक सम्भव है आजतक का स्वाँग भी सीखा है क्योंकि हिन्दी में फिल्म बनती है तो उसका फॉर्मूला भी उसके साथ बनता चला जाता है। तो ये तभी से होने लगा था कि अब मैं देख रही हूँ कि बहुत करके एक स्वाँग भी दिख रहा है जिसमें उस तरह की हिन्दी को एक एथनिक फैशन बनाया जा रहा है कि इस एथनिक फैशन को तोड़ने के लिए परिहास रसिक होना बहुत जरूरी है। एक सेंस ऑफ आयरनी होना बहुत जरूरी है ताकि हिन्दी को अपने रूप पर अपने स्वाँगवाले रूप पर हँस सके, उससे आगे बढ़ सके क्योंकि फिर ये होता है कि वो स्वाँग होने लगता है तो फिर हम गुस्सा हो जाते हैं। अब इतने बाल सफेद करने के बाद मुझे लगता है कि गुस्सा करना अच्छी रणनीति नहीं है, गुस्सा के बजाए ये कुव्वत होनी चाहिए कि उसकी उस स्वाँग के लिए हँस के शर्मिन्दा कर सके कि बन्दा अगली बार करे तो उसे खुद हँसी आए कि बम विस्फोट कहाँ हो रहा है।

सुधीश पचौरी मृणालजी बहुत खूब। आपने बहुत अचछे ढंग से श्रोता को रूपायित, क्या संचार की भाषा हो सकती है। कनरस और बतरस से कहीं मुझे रहीम का एक दोहा याद आ गया। उन्होंने कहा कि 'अमृत जैसे वचन में, रहिमन रिसकी गाँस। जैसे मिरी में मिली, निरस बाँस की फाँस॥

अमृत जैसा वचन है आपका, लेकिन रिस की गाँस आपमें है तो वो अटक जाएगा, बहुत खूब बात कही है आपने।

भाई परविन्दर गुजराल साहब से मैं अनुरोध करूँगा। वे वेब दुनिया डॉट कॉम में इस वक्त वी.पी. हैं, सिंह भी हैं तो हिन्दी ऑन नेट 'हिन्दी का नेट' पे हिन्दी का स्वर वे इस विषय बोलेंगे परविन्दर भाई—धन्यवाद।

इंटरनेट पर हिन्दी का स्वरूप : परविन्दर गुजराल का वक्तव्य

मैं बैठे-बैठे बोलना चाहूँगा, वैसे शब्दों की कमी थी और मृणालजी ने जितने शब्द थे वो ले लिए। पर मुझे विषय मिला है **'नेट पर हिन्दी का स्वरूप'** इस विषय को मैं तीन भाग में बाँटना चाहूँगा—इसका खाका इस प्रकार है।

पहले—मैं नेट पे हिन्दी की पुरजोर वकालत करना चाहूँगा। यह बहुत जरूरी है। न केवल हिन्दी के लिए बल्कि इंटरनेट के लिए बहुत जरूरी है कि हिन्दी इंटरनेट पर अपना स्थान पाए।

इंटरनेट एक जन माध्यम है

दूसरा—हिन्दी का नेट पर क्या स्वरूप उभर कर आ रहा है। हिन्दी नेट पर बदल रही है। क्या सम्भावनाएँ हिन्दी की हैं इंटरनेट पर इस पर थोड़ा सा विचार करूँगा। और तीसरा—एक आशा की कि किरण भी आपके साथ बाँटना चाहूँगा। अंग्रेजी मीडिया ने एक भ्रान्ति फैलाई है कि इंटरनेट केवल अंग्रेजी में ही सम्भव है और इसकी जड़ में इसके मूल में एक अवधारणा है कि पर्सनल कम्प्यूटर (पीसी) अंग्रेजी में ही होता है जब तक हम पी.सी. सेन्ट्रिक केन्द्रित अवधारणा को लेकर चलेंगे तो इंटरनेट को समझ सकना आसान न होगा क्योंकि पी.सी. एक बिजनेस यंत्र है। साइंस हमेशा से देश में अंग्रेजी में होता आया है। प्रिंट कल्चर जो अभी नया आया है। अंग्रेजी में होता है। सारी बिजनेस एप्लीकेशन अंग्रेजी में ही होती हैं। इसलिए सॉफ्टवेयर डेवलपमेंट

अंग्रेजी में हुई। किन्तु इंटरनेट को पी.सी. से जोड़कर देखना बहुत गलत होगा, मैं और हमारी कम्पनी इंटरनेट को एक मास-माध्यम की तरह मानते हैं और हमारा मानना है कि इंटरनेट का एकमात्र उद्द्देश्य जीवन को सरल बनना है, वह नई दिल्ली में या इन्दौर में, लखनऊ में जीवन को सरल नहीं बनाता, जीवन के सरलता के अलग-अलग मायने हैं इन दो जगहों पर और इनसे बहुत जगहों पे महत्त्वपूर्ण प्रश्न भाषा का भी है कुछ आँकड़े भी आपके साथ बाँटना चाहूँगा—जैसा कि अंग्रेजी माध्यमों ने कहा है कि इंटरनेट ये अंग्रेजी ही एकमात्र भाषा है, ये लगता है विश्व में पैंतालीस प्रतिशत कांटेंट अंग्रेजी भाषा के बियोंड माने अंग्रेजी के अलावा पैंतालीस प्रतिशत कॉन्टेंट अन्य भाषाओं में हैं, इसका काफी बढ़ा प्रतिशत योरोप में है। नेस्केट 23 भाषाओं में उपलब्ध है, इंटरनेस्कोलरी कई भाषा में उपलब्ध है, विकोससॉफ्ट जो अपना प्रोडेक्ट लांच करता है वो जापान, चीन, ताईवान में उसी वक्त अपने प्रोडेक्ट उसी भाषाओं में रिलीज करता है, हिन्दुस्तान में ऐसा नहीं होता। नेट को एक मास माध्यम के रूप में देखें और देखें कि अन्य मास माध्यमों में क्या हो रहा है। चाहे वो टी.वी हो चाहे वो रेडियो हो या चाहे वो समाचार पत्र हो किसी भी रूप में अंग्रेजी डॉमिनेट नहीं करते। अंग्रेजी का दबाव अन्य भाषाओं पर नहीं है इसके कुछ आँकड़े और हैं हिन्दुस्तान के आइ स्टेट को देखें कि 75 प्रतिशत खर्च करने की कैपासिटी है।

उनमें 'ए वन' जो बहुत ही इलीट वर्ग कहता है और उसमें भी हम केवल शहरों में जाएँ पाएँगे कि 80 से 94 प्रतिशत तक लोग कह रहे हैं बिल्कुल क्लियरली कह रहे हैं ये केवल नॉन-इंगलिश, हमें केवल हिन्दी या तमिल भाषा का कॉन्टेंट चाहिए इसमें। ये मास मीडिया की बात कर रहा हूँ। केबल एंड सैटलाईट। वहाँ केवल केबुल एंड सैटलाइट जिस तरह से उभरकर आई है, हमारा मानना है कि नेट मास मीडिया है। इस पर भी यही चीज लागू होता है। कुछ और फिगर्स देखें कुछ और आँकड़े देखें तो कहा जा रहा है सत्तर मिलियन लोग, सात करोड़ लोग भारत में इंटरनेट पर आ जाएँगे और अजीब बात है कि तब तक केवल साढ़े छः करोड़ लोग ही हिन्दी बोल पाएँगे। नाई, समझ नहीं पा रही हैं तो ये नहीं कह रहा हूँ कि लोग साढ़े छः करोड़ हिन्दी जान रहे हैं इन्होंने स्पष्ट रूप से सभी मीडिया से कहा दिया है कि हमें अंग्रेजी नहीं चाहिए। किन्तु फिर भी पीसी सेंट्रिक माइंड

से केन्द्रित हमारी अवधारणा इंटरनेट के विकास में बाधा बनी हुई है।

इंटरएक्टिव माध्यम में हिन्दी : परविन्दर

हिन्दी के स्वरूप के बाद, नेक्स्ट विषय पर आना चाहूँगा। नेट जिसे चौथा माध्यम कहा जा रहा है, जिसे कहा जा रहा है जो अन्य माध्यमों से सात गुना तेज होती है अगर पी.सी. को 38 वर्ष लगते हैं, क्रिटीकल मास पहुँचने में तो इंटरनेट को केवल पाँच, इस तेजी से बढ़ते हुए माध्यम पर हिन्दी को एक मिल रही है वो ये है कि इंटरनेट का एक अन्य माध्यमों से बिल्कुल अलग है उसमें इंटरेक्टिविटी बहुत इम्पोंटेंट है, आवश्यक है कि जो और जिस वक्त पाठक जिस विषय को चाहे उसको वो ऐसे पर पाए आज हिन्दी के की-बोर्डस, हिन्दी के फोंट्रस और हिन्दी के ट्रांसेंट्रमन लॉजिक, उनका कोई स्टैंडर्डाइजेशन नहीं है, जिस वजह से हिन्दी को इंटरनेट पर थोड़ी दिक्कत आ रही है। हमारा प्रयत्न ये है और सभी इंटरनेट कम्पनी का प्रयत्न है कि एक स्टैंडर्डाइजेशन हिन्दी और अन्य भारतीय भाषाओं का इंटरनेट के लिए स्थापित हो, काफी प्रयास किए जा रहे हैं किन्तु फिर भी दिक्कत ये हैं कि जो प्रयास कर रहे हैं वे पेशेवर हैं उनको भी भारतीय भाषाओं के विषय को समझने में थोड़ा समय लगता है। कम्यूनिटी बिल्डिंग होम जिसे हम इंटरनेट पर कहते हैं इ-मेल, चैट, सजेनटस, क्लाटस, फोरम ये सभी विंग–हैं जो किसी इंगलिश साईट पे और इसी का करीब-करीब ये नब्बे प्रतिशत ट्रॉफिक किसी भी अंग्रेजी में इन्हीं का होता है। हिन्दी में एक मुख्य दिक्कत ये है मगर आप इ-मेल हिन्दी में करना चाहें तो वो नहीं होगा। ये आसान बात नहीं थी कि हिन्दी में चैट करना चाहें तो आसान बात नहीं है। फोरम क्रिस्ट करना चाहें किसी विषय का किसी विषय-वस्तु से आप बहुत से लोगों को जोड़ना चाहें तो इम्पोर्ट मैकेनिज्म नहीं है और वेब-दुनिया से और फिर अन्य कम्पनीज ने प्रयत्न किया है कि ये कि आप हिन्दी में मेल भेज पाएँ, चैट कर पाएँ वो सारी चीजें जो आप अंग्रेजी में किसी को भी अंग्रेजी की तरह कर पाते हैं वो हिन्दी में सम्भव हो और एक छोटी कम्पनी होने के बावजूद कम्पनी जिसके पास 40 मिलियन

वेब दुनिया पोर्टल

का बजट नहीं है, मार्केटिंग डिसप्ले करने के लिए। उसके बावजूद आज हम करीब-करीब पहले पाँच पोर्टल्स में अपनी गिनती कर पाते हैं। पहली चार भारतीय इ-मेल सर्विस में अपनी गणना पर पाते हैं और मुझे ये लगता है कि इसका एक मुख्य कारण है कि बहुत डिमांड है लैंग्वेज के लिए जो हो भारतीय भाषाओं के लिए बहुत से लोगों के मन में लोगों की डिमांड जिसे हम पूरा नहीं कर पा रहे हैं एक कम्पनी से न कर सकती हमारा प्रयत्न है कि इंटरनेट कम्पनी आ रही है। वो इसका करे वो इसके लिए चाहे वो रेडिफ हो चाहे वो सेफिक हो, कैक्डॉल, चाहे ताईकॉम हो चाहे वो बोरोनाईफ हो इन कम्पनीज के साथ मिलकर प्रयत्न कर रहे हैं कि अगर हिन्दुस्तान में आना है तो हिन्दी को लेकर अवश्य आएँ और बाजार की मानसिकता को समझें ये जरूरी है कि हम केवल हिन्दी को भाषा के रूप में ही नहीं देखें, समझें। हिन्दी का एक बाजार भी है अगर इसके पूर्व तक ये रहा कि हिन्दी में दो दिक्कतें रहीं या तो लोगों ने टेक्नोलॉजी एक साथ नहीं लगाई गई। इंटरनेट एक माध्यम है जहाँ लोगों को एक बाजार भी मिलता है। पूँजी और टेक्नोलॉजी दोनों को लगाने के इच्छा और लगाने की वजह दिखती है। एक पेराडाइम शिफ्ट हो रहा है हिन्दी में, जिसे मैं इसका हिन्दी आपसे पूछूँगा माफ कीजिएगा 'एक कोलाटिव कांटेंट कजंक्शन एंड क्रिएशन' जिसे मैं कहता हूँ, किसी में अंग्रेजी में या किसी भी हिन्दी बोर्ड वे देख रहे हैं कि उसका लेखक बदल गया है वो कितना सफल है वो इस बात से जाना जाता है कि उसमें जितना ज्यादा कॉन्टेंट उसके लेखक क्रिएट नहीं कर रहे हैं, उसके लेखक नहीं बना रहे हैं बल्कि उसके दर्शक बना रहे हैं। एक इक्जाम्पल दूँ आपको एक उदाहरण एक पर्टिकुलर चैनल के ऊपर हमारे पैंतालीस प्रतिशत कॉन्टेंट जो क्रिएट हो जाता है उसके दर्शकों द्वारा ही क्रिएट किया जाता है कि कॉन्टेंट को जेनरेट कर रहे हैं, हमारे लिए ज्यादा महत्त्वपूर्ण हैं क्योंकि यही एक हमारे दर्शक को हमसे जोड़ता है और हिन्दी से जोड़ता है। इस विषय में यह बात बहुत महत्त्वपूर्ण हो गया है कि वो सरल और व्यावहारिक बनें। हमारे हाथ से सत्ता चली जा चुकी है, नई सत्ता की हिन्दी की माँग करने की न मैनेजमेंट्स के पास है या जो डॉट कॉम चला रहे हैं और न उसके पास हिन्होंने पूँजी लगाई है, ये सत्ता उस व्यक्ति के हाथ में है जो कुछ सोचना या जानकारी के लिए आ रहा है और वह व्यक्ति हिन्दी चाहता

नेट का दर्शक नेट का लेखक

है और हिन्दी के किस रूप में चाहता है, इसी रूप को डिफाइन करता है।

इलेक्ट्रॉनिक पत्रकारिता में हिन्दी : रजत शर्मा

हिन्दी का बाजार

तो दोस्तों एक छोटी सी कहानी से अपनी बात शुरू करना चाहता हूँ। किसी गाँव में एक चर्च था चर्च ऐसा था कि फूटा-फूटा था उसमें से भाँय-भाँय की आवाज आती थी लगता था अब गिरेगा या तब गिरेगा। तो गाँववालों ने तो तय किया कि चर्च को गिरा दिया जाए तो हमारे यहाँ जब फैसला लेना होता है तो एक कमेटी बनती है और जब कमेटी बनती है, तो कोई एक फैसला नहीं लेती है, लिहाजा कमेटी बनी और उसने चार फैसले लिए, पहला फैसला ये कि इस चर्च को गिरा दिया जाए, दूसरा फैसला ये कि जब यह चर्च गिरा दिया जायं तो उसकी जगह एक नया चर्च बना दिया जाए, तीसरा ये कि नए चर्च में बुर्ज और गुम्बद पुरानेवाले चर्च के लगाए जाएँ और चौथा ये मित्रो कि जब तक नया चर्च बन नहीं जाता है, पुराने को गिराया न जाए। ये त्रासदी हमारी हिन्दी भाषा के साथ है, अंग्रेजी के साथ है, हम अंग्रेजी को छोड़ना चाहते हैं हिन्दी से जुड़ा रहना चाहते हैं। आज हिन्दी बहुत बड़ा मार्केट है, लेकिन अंग्रेजी को छोड़ नहीं पा रहे हैं इस चौराहे पर, इस क्रास रोड पर हम खड़े हैं। ये हिन्दी ब्राडकॉस्टिंग की हिन्दी, टेलीविजन की, सबसे बड़ी दिक्कत है, इसीलिए जब हम भाषा का इस्तेमाल करते हैं उसे सरल बनाने के लिए, कोशिश करते हैं अंग्रेजी में हिन्दी शब्दों का इस्तेमाल करना शुरू करते हैं और हिन्दी के शब्दों का इस्तेमाल करना शुरू कर रहे हैं। अपनी सुविधा के लिए हम कह देते हैं कि कोशिश करते हैं। हम अंग्रेजी का मोह नहीं छोड़ पा रहे हैं क्योंकि पिछले चालीस-पचास वर्षों में मुझे लगता है अंग्रेजी पत्रकारिता की क्रेडिबेलिटी विश्वसनीयता ज्यादा बनी है, हिन्दी पत्रकारिता की विश्वसनीयता ज्यादा नहीं बनी है। हिन्दी पत्रकारिता को प्रिंट और टी.वी. दोनों के लिए और सही बात है हिन्दीवाले को हीन भावना से देखा जाता है, इसीलिए वो सब प्रोग्राम तो हम हिन्दी में करते हैं लेकिन जहाँ पर बातचीत होती है, किसी ड्राइंग रूप में, तो हम अंग्रेजी बोलते हैं, हम अपनी इमेज वही बनाना चाहते हैं। पिछले दो-तीन वर्षों में मैं यह जरूर कहूँगा

हिन्दी में हीन-भावना

कि जो पत्रकार और खासकर के जो टी.वी. के पत्रकार हैं, उन्होंने अपनी जगह बनाई है, उन्होंने अपनी विश्वसनीयता बढ़ाई है, इसकी वजह से एक सम्मान जरूर मिला है और खुशी की बात ये है कि मैंने ये ट्रेंड लोकेट किया है पिछले छः-आठ महीने में कि जो अंग्रेजी के पत्रकार हैं टी.वी. पर जो अंग्रेजी में न्यूज करते हैं, उनको एक नया शौक चढ़ा है कि वे हिन्दी में बोलें चाहे वे टूटी-फूटी सी, अटकी हुई सी, लेकिन वो कोशिश करते हैं उनको ये बात समझ में आ गई है कि बिना हिन्दी बोले, बिना हिन्दी में कार्यक्रम किए प्रोग्राम दिए, इस देश में पोपुलर नहीं हो सकते हैं। मास अपील हमारी जब हिन्दी मे होती है और जिसको मैं कहता हूँ पोजिटिव इसको मानना चाहिए। हमारी दिक्कत जो हिन्दी पत्रकारिता के साथ इलेक्ट्रॉनिक मीडिया में है वो ये है कि हमारे पास में लोग नहीं हैं, अब तक जितने भी लोग आए हैं या बाइचांस आ गए हैं, वो हैं या फिर वो हैं, जिनकी ट्रेनिंग दूरदर्शन में हुई है इलेक्ट्रॉनिक्स मीडिया में हमारे यहाँ ट्रेनिंग का सिलसिला सिर्फ पाँच-छः साल पुराना है और पाँच-छः साल का अनुभव आपको वो मेच्युरिटी नहीं दे सकता जितना बीस पच्चीस साल का अनुभव इसलिए लीडरशिप नहीं। सीनियर स्तर पर अंग्रेजी ही हावी जूनियर लेबल पर ट्रेनिंग का अभाव और दिखावा लेबल व रिपोर्टिंग लेबल पे, जूनियर लेबल पे बहुत सारे लोग हैं, ट्रेनिंग ट्रेनी लेबल पर तो बहुत सारे लोग हैं लेकिन सीनियर लेबल पर जिस तरह से अंग्रेजी में लोग हैं, पुराने अनुभव के उतने लोग हिन्दी में तो खासतौर से नहीं हैं। जितने भी आए हैं उनके अनुभव लेने का सिर्फ एक ही जगह थी वो थी दूरदर्शन। दूरदर्शन जिस तरह का वातावरण में वो लोग ट्रेनिंग लेते रहे हैं उस तरह वे ट्रेनिंग से अब जिस तरह का टी.वी है फायदा नहीं होता। ये दो प्रमुख बातें मेरे ध्यान में थीं हमारा अंग्रेजी प्रेम, हमारी थिंकिंग और इसका अनुभव की कमी जैसे क्या हो रहा है, इस वजह से क्या हो रहा, इसको आपको समझना पड़ेगा जैसा कि मैं उदाहरण देता हूँ, कल ही मैं एक टी.वी. चैनल हिन्दी का देख रहा था। जॉर्ज फर्नांडिस को दो पत्रकार इंटरव्यू कर रहे थे। हम सब लोगों के लिए बड़ी समझने की बात है। एक आदमी सवाल पूछता था, जॉर्ज फर्नांडिंस जवाब देने के लिए आगे बढ़े, उससे पहले ही दूसरा पत्रकार सवाल पूछ लेता था फिर वे आधा सैंटेंस बोलते थे तो फिर दूसरा आदमी सवाल पूछ लेता था, अपनी इस उत्सुकता में कि मैं अपने आप

प्रस्तुति में आक्रामकता उचित नहीं

को कितना ही तेज-तर्रार दिखा दूँ। मैं ये दुनिया के सामने ये साबित कर दूँ कि मैं बहुत बड़ा सवाल पूछनेवाला चैम्पियन हूँ और चूँकि पोलिटिकल लीडर्स की क्रेडिबिलिटी बहुत लो है तो मैं उनके ऊपर झपट्टा मार के अपने आपको उससे साबित कर दूँ बड़ा चैम्पियन। उस प्रॉसेस में व्यूअर इरिटेट होता है जो ये नहीं समझता कि आप क्या दिखाना चाहते हैं आप बहुत तेज हैं आप बहुत कुछ जानते हैं। जब तक वो जवाब नहीं देगा जिसके लिए वो प्रोग्राम देख रहा है। इसी इंटरव्यू में मैंने देखा कि जॉर्ज फर्नांडिस ने अपनी कोई एक बात कही, एक उन्होंने किसी पेपर से पढ़ा, पत्रकार कहता है कि आपने क्या पढ़ा तो उन्होंने कहा कि साहब ये डिफेंस मिनिस्ट्री का डिटेल्स है, तो वह कहता है कि अब आप मिनिस्टर नहीं हैं, अब आपके पास ये कहाँ से आ गया, उन्होंने कहा कि ये डिफेंस मन्त्रालय का है, नहीं, नहीं, आप अब रक्षा मन्त्री नहीं रहे, इसे आपने कैसे पढ़ दिया उन्होंने कहा कि साहब ये मेरा भाषण है जो मैंने कल दूरदर्शन पर पढ़ा या उसको मैंने कोट दिया है तो दूसरे पत्रकार ने कहा कि इसकी क्या क्रेडिबिलिटी है एक टाइप किया हुआ कागज आप ले आए हैं इसकी क्या क्रेडिबिलिटी है। जॉर्ज फर्नांडिस ने कहा कि, भाई, मेरी चालीस-पचास साल की पब्लिक लाईफ है अगर मैं जो कहता हूँ या कागज पर लिखा है उसकी क्रेडिबिलिटी नहीं है, नहीं, आप एक कागज टाइप कर ले आए हैं इसकी क्या क्रेडिबिलिटी है तो उन्होंने कहा कि जो आप बोल रहे हैं उसकी क्या क्रेडिबिलिटी है। जॉर्ज फ़र्नांडीस ने कहा...

तब मैंने नोटिस किया कि तकरार सिर्फ इस चीज में था कि कैसे हम यह साबित करें कि हम बहुत तेजी से और वो तेजी का मतलब हो जाता है कि चैम्पियन दिखने का मतलब हो जाता है। बेरुखी, और कभी-कभी थोड़ा सा अपमानजनक भी हो जाता है। और फिर जो आदमी इंटरव्यू दे रहा है वो ये कहे कि अच्छा अगर आप यही समझते हैं फिर आपको आपने मुझे इंटरव्यू देने बुलाकर आपको ही बोल दे कि मेरी क्रेडिबिलिटी नहीं है, मेरी बात नहीं सुनना चाहते हैं तो ठीक है। ये उदाहरण किसी पर आक्षेप करने के लिए नहीं दे रहा हूँ बल्कि ये उदाहरण बहुत ताजा-ताजा मेरे दिमाग में था कल रात ही देखा था लेकिन ये ट्रेंड हम सबमें है किसी में ज्यादा तो किसी में कम। और ये मैं समझता हूँ कि हमारे पत्रकारिता की, जर्नलिज्म की और खासकर और हिन्दीवाले की

और जो पोलिटिकल लीडर्स या जो लोग बहुत ज्यादे टेलीविजन या इंटरव्यू देते हैं बात करते हैं, देखते हैं, उनसे जब बात होती है तो उनको ये ज्यादा शिकायत हिन्दी में मिलती है। हिन्दीवालों को कहीं कहीं ये लगता है जो अंग्रेजी पत्रकार है उसको रेसपेक्ट मिलती है, डिग्निटी मिलती है और मुझे रेस्पेक्ट और डिग्निटी नहीं मिलती तो मुझे चैम्पियन बनकर ही समाज में अपनी रेस्पेक्ट जमानी है। मैं समझता हूँ कि यह एक बहुत चैलेंज है, बहुत बड़ी दिक्कत है, जिसे हम लोगों को आपस में सोल्व करना पड़ेगा। ये तीन प्रमुख बातें दिमाग में हैं इसमें दो मैंने पहले से सोची हुई थीं और एक बात मुझे कल रात ध्यान में आई थी, तो बहुत बातें आपसे कहनी थीं, थैंक यू वेरी मच।

इलेक्ट्रॉनिक मीडिया में हिन्दी का भविष्य : अजय चौधरी

सबसे पहले तो मैं बी.बी.सी. का आभारी हूँ जिसने मुझे मौका दिया और एक सेमिनार आयोजित की। बड़े-बड़े लोग यहाँ बैठे हैं जिन्होंने हिन्दी की बड़ी सेवा की है। कमलेश्वरजी हैं, मृणालजी हैं, सुधीशजी हैं। अंग्रेजी से आकर के जगह बनानेवाले रजत शर्माजी हैं। नकवी साहब हैं जिनके साथ मैंने लम्बे अरसे तक काम किया है, बात अगले पाँच साल की हो रही है तो अभी जो कुछ हुआ उसमें बहुत कुछ आगे के बारे में कहा जा चुका है। सुधीशजी ने जब नकवी साहब को बुलाया था तो उन्होंने एक जुमला कहा था 'आपका समय शुरू होता है अब।' अगले पाँच साल की शुरुआत हो चुकी है, ये पाँच साल यूँ शुरुआत दे चुके हैं, ये प्रोग्राम जो हम सब देखते हैं कौन बनेगा करोड़पति, ये हिन्दी की कामयाबी का प्रोग्राम है।

प्रिंट से टीवी की ओर

हिन्दी साहित्य की जो हिन्दी है उसका इस्तेमाल आज भी दूरदर्शन और आकाशवाणी पर हो रहा है, पहले तो बहुत ज्यादा होता था। तो ये जिम्मेदारी अभी पाँच छः साल पहले से यह प्रक्रिया शुरू हुई है कि भाषा आखिर हो कैसी ? बोलचाल की ही भाषा हो या उसकी ओर किस तरह से सरल किया जाए यह काम अभी चल

रहा है और उसमें **रजत** ने ऐसा कहा कि ऐक्सपिरियंस्ड लोग नहीं हैं, अनुभवी लोग नहीं है जो लोग रहे हैं तो निपुण वो ज्यादातर अभी-अभी प्रिंट्स से आ रहे हैं और हम सभी लोग प्रिंट्स से आए हैं, हमने भी पहले अखबारों में काम किया था, पहले पत्रिकाओं में काम किया था, उसकी एक अपनी भाषा थी। अब तो वह संवाद की भाषा है उसमें निश्चित रूप से आनेवाली चुनौतियाँ हैं, दिक्कते हैं, लेकिन उसका ये मतलब नहीं है कि अगले पाँच साल में या दस साल या आनेवाले समय में चुनौतियाँ ये स्थितियाँ ज्यों-की-त्यों बरकरार रहेंगी। इन स्थितियों में लगातार बदलाव होता जा रहा है वो लोग जो पहले अंग्रेजी और हिन्दी को मिक्स करके न्यूज बुलेटिन चलाते थे वे आज निखालिस हिन्दी में बुलेटिन चलाने लगे हैं, उस हिन्दी को भी और कैसे सरल किया जाए उसके लिए वो लोग लगातार कोशिश कर रहे हैं, दबाव डाल रहे हैं लेकिन अभी भी जो डिक्शनरी हिन्दी की जो है वह अनुवाद, अंग्रेजी शब्दों के अनुवाद पर बनी है और मैं लगातार रोज देखता हूँ नए-नए लोग हमारे यहाँ आते हैं, कल भी एक कॉपी देख रहा था ये उस चर्चित नॉवेल पर लिखी गई है, एक शब्द है उसमें, नॉवल उपन्यास लिखा जा सकता है, म्यूजियम जैसे एक शब्द है मतलब संग्रहालय अच्छा-खासा शब्द है हिन्दी में चलता है, लोग जानते हैं लेकिन ज्यादातर उतना लिखनेवाला इस्तेमाल हमेशा म्यूजियम लिखेगा और चलता है। म्यूजिक सब बोलते हैं तो इन सारी परिस्थितियों से आप कैसे निबटेंगे। तो इसके लिए जरूरी है बातचीत की भाषा हो। हिन्दी में कोई इस तरह का काम हो जो संचार माध्यमों की हिन्दी के रूप में एक भाषा को विभाजित किया जाए। अभी भी हमारे यहाँ कोई काम किसी भी स्तर पर हो नहीं रहा है। कोई, इंडीविजुअल अलग-अलग अपने-अपने करे रहे हैं, हमारे यहाँ **नकवी साहब** थे तो **नकवी साहब** को भाषा का बड़ा आग्रह था एक-एक कॉपी देखते थे। और उसमें वो काफी हद तक उसमें जो भाषा पर लिखनेवाले के साथ एक बहस करते थे लेकिन ऐसे इंडिविजुअल कम जो हैं वो बहुत ज्यादा दिन तक नहीं हो सकते क्योंकि किसी में इतना पेशेंस नहीं होती कि वो भाषा को ले करके इतना ध्यान दें। तो जो भी हो ये परिस्थितियाँ बनी रहेंगी और इन परिस्थितियों से निपटने के लिए जरूरी है कि हम इस पर एक सोच, विचार करें, तैयार करें, कोई चीज कोई रिसर्च प्रोजेक्ट इस पर चले कि ये जो बात होगी कैसे काम हो

सकता है, जहाँ तक हिन्दी का सवाल है तो पाँच से दस सालों में मृणालजी आपकी आज्ञा से आँकड़ा दूँगा कि जो नेशनल रीडरशिप सर्वे आया है, उसको देख रहा था उसमें जो अरबन और रूरल जो दा टॉप डेली हैं, उसमें एक भी अंग्रेजी का नहीं है और हिन्दी में कई अखबार हिन्दी टॉप पर है। दैनिक जागरण, दैनिक भास्कर है, पंजाब केसरी है, अमर उजाला है चार-पाँच अखबार हैं तो टॉप टूडे ओ दूसरी फिल्म की मैग्जीन है फिल्म फेयर यानी हिन्दी हो या भारतीय भाषाएँ हैं तो उनका विकास लगातार हो रहा है और उसकी माँग और लगातार बढ़ रही है परविन्दर साहब कह रहे थे इंटरनेट के बारे में तो इनका ही वेब साईट पढ़ते हैं इन्होंने चैट के लिए जो बनाया है वह इतना आसान बनाया है कि आप उससे माँगकर पढ़ सकते हैं, लेकिन उसकी भी जो बेसिक सोच है वो अंग्रेजी के ऊपर ही है कि टाइप करोगे तो 'अ' छप जाएगा उसका भी जो की बोर्ड है उस हिसाब से (ऐसा) बना है जो छापेंगे तो 'ज' छप जाएगा 'वाई' टाइप करेंगे तो अजय पूरा हो जाएगा। तो हिन्दी में टाईपिंग की बात की है हम लोग अब कम्प्यूटर से सारी-की-सारी नई टेक्नॉलजी के टाइप की बोर्ड की समस्या साथ हिन्दी क्या जो नीचे शहरों से हमारे छोटे शहरों से जो लोग आ रहे हैं, काम करने के लिए वो उस माहोल के साथ अपने को बिठा नहीं पा रहे हैं क्योंकि वो काम उन लोगों ने उस तरह से किया नहीं है अभी भी हिन्दी के अखबारों में, बड़े अखबारों में अब रीजनल बड़े अखबारों में कम्प्यूटर्स पहुँच गए हैं लेकिन आधे से ज्यादा काम करनेवाले काम अभी भी हाथ से ही कर रहे हैं। और करने के लिए उसी कम्प्यूटर मित्र होना जरूरी है—कम्प्यूटर पर अभी भी 'टाइपराइटर' है जैसे कि पहले हुआ करता था। हिन्दी का जो की बोर्ड है वह उतना कठिन की बोर्ड है कि उसको आप आसानी से सीख नहीं सकते और उसमें भी अब कई-कई तरह के हो गए हैं।

हिन्दी दैनिक आगे

कंप्यूटर, नेट और हिन्दी

कुछ फोंट की समस्या है, तो कुछ चाणक्य आ गया है तो कृति आ गया है उसमें जो फोंट्स हैं, उसमें आपको अगर क्रमांक लिखना है तो अगर नीचे क्र लगाना है तो उसके लिए दो-तीन-चार ऑल सिफ्ट और कुछ आप दबाइए तो उसके बाद पता लगा कि वो एक हलन्त या स्वर आपका निकल के आएगा। और ये सारी चीजें ये सारे कम्प्यूटर, सारी टेक्नॉलजी अब चैनल में आ गई है, इंटरनेट जो भी है तो इसमें विकास के लिए हिन्दी के विकास के

लिए इस सारी जो चुनौतियाँ है जो टेक्नीकी चुनौतियाँ हैं। उनके साथ ही हिन्दी लोग चुनें और उसके लिए उसे कैसे सरल किया जा सकता है, इस पर काम हो।

बाकी मैं यही कहना चाहूँगा कि हमारी जो भाषायी लड़ाई है वो समाज की लड़ाई है। मृणालजी ने अपने अनुभव रखे हैं उन्होंने साहित्य में अच्छा-खासा काम किया है हिन्दी साहित्य में इतने बड़े नाम हैं वो; लेकिन मुझे लगता है, ये सामाजिक लड़ाई और भाषा को इन सब मुद्दों से हमको अलग हटाकर अगर हम पत्रकारिता के सन्दर्भ में भाषा की बात कर रहे हैं, अगले पाँच साल या दस साल में तो हमें इस सबसे थोड़ा सा अलग हटकर देखने की जरूरत है क्योंकि हमारी जरूरत एक हिन्दी के विकास की है और वो जो हिन्दी साहित्य के साथ जुड़ी हुई चीजें हैं, उसके विकास की सेवा। हम हिन्दी को एक पेशेवर हिन्दी के रूप में कैसे विकसित करें, ये सबसे बड़ी चुनौती है और इस पर मैं चाहूँगा कि जो हमारे विद्वान लोग हैं जिन्होंने हिन्दी का इतना काम किया है वो इस पर एक नजरिया रखेंगे और जिसको हम आगे आनेवाले लोग सीखेंगे और उससे आगे बढ़ेंगे—धन्यवाद।

प्रसारण में हिन्दी : जसदेव सिंह

पाँच मिनट की शर्त लगाकर इन्होंने मेरे अन्दर के प्रसारण का थोड़ा बहुत अनुभव रखनेवाले को चुनौती दे दी है। मैं कोशिश करूँगा लेकिन फिर भी मेरा आग्रह है कि आप पाँच को सात तक ले लें। सबसे पहले तो मुझे खुशी है क्योंकि जब मैं सुन रहा था, पीड़ा भी हुई, खुशी भी हुई, थोड़ी व्यथा भी हुई और मैंने सोचा कि जहाँ हिन्दी की बात आए वहाँ बी.बी.सी. मुझे भी बुलाए। मेरा अधिकार है इसलिए मैंने अभी कमलेश्वरजी से निवेदन किया हालाँकि अचलाजी भी हैं, लेकिन उनसे जितना मेरा सम्बन्ध रहा है और पिछले तीन साल में जो सम्बन्ध बना है, मैंने यह साहस किया कि उनको लिख के भेजूँ। प्रस्तावना नहीं करूँगा। दुःख इस बात का भी हुआ कि जिस वक्ता ने कहा उसने कहा कि हिन्दी मार्केटिंग की भाषा है। हिन्दी मेरे देश की भाषा है क्यों उसको हमने मार्केटिंग बनाया। ये मानके कि हिन्दी लोगों की भाषा है, क्यों उसको हम ने मार्केटिंग बनाया। ये मानके हिन्दी लोगों तक

हिन्दी देश की भाषा है

पहुँचेगी। मेरे पास उदाहरण बहुत हैं लेकिन मैं दो-एक बातें आपसे कहूँगा और मेरे पास उदाहरण बहुत हैं लेकिन मैं अपनी प्रशंसा से बचूँगा। मैं भावुक हो गया हूँ। थोड़ा इसलिए मेरी आवाज में कम्पन कभी-कभी आएगा। हिन्दी की जब बात आती है मुझे गुस्सा भी आता है और दुख भी होता है, खुशी भी होती है, मैं गाँव के स्कूल में पढ़ा हूँ और मेरी मातृभाषा पंजाबी है और जयपुर के निकट एक गाँव में पढ़ा हूँ और मेरी प्रथम भाषा वहाँ उर्दू थी दूसरी अंग्रेजी। हिन्दी मैंने सीखी अपने साथ के विद्यार्थियों से मुझे लिखना उस समय तक नहीं आया जब तक कि मैंने ये निश्चय नहीं कर लिया अगर रेडियो में आना है, अड़चनें बहुत आईं गाँधीजी की कमेंट्री सुनी मैलविल डिवेलो की वाणी में मुझे अंग्रेजी आती नहीं थी। प्रथम वर्ष का छात्र था, माँ से कहीं कह बैठा था मैं हिन्दी में कमेंटेटर बनूँगा और ऐसा मजाक उड़ा था सबमें, लेकिन उस दिन से पहले शुरू किया कार्यक्रमों का संचालन, नृत्य की कमेंट्री संगीत कार्यक्रमों का संचालन यह सोचकर कि हिन्दी का ही शब्द आएगा अंग्रेजी का नहीं आएगा। फिर बी.ए. में एक पेपर था जिसमें पास होना अनिवार्य था, हिन्दी का, पास होना अनिवार्य नहीं था उसमें परीक्षा देना अनिवार्य था, उसमें 50 में से 26 नम्बर लाया 3 महीने को मेहनत से। इस बीच राजस्थान सरकार में स्वर्गीय जयनारायण व्यास और स्वर्गीय सुखड़ियाजी ने जब उसे सुना तो वहाँ तो परेडें होती थीं उनके लिए, जहाँ खेल होते थे उनके लिए जहाँ नृत्य होते थे उनके लिए, मुझे बुलाया जाने लगा। सबसे अच्छी बात जो मैंने सीखी कि अपनी आलोचना बर्दाश्त करूँ। यह वह समय था नृत्य को नृत् बोलता था मृत्यु को मृत्यू बोलता था, पूछता था और अगर कोई कहता था तो नाराज नहीं होता था नाराज कब होता था, जब पड़ी मुश्किल से मैं उद्घोषक या आम भाषा के एनाउंसर बन गए किसी-न-किसी तरह।

उससे पहले मैं समाचार पढ़ चुका था लेकिन उसके पहले उद्घोषक के रूप में मंजूर नहीं किया गया था वो उस समय के अफसर गोपालदासजी आज के सबसे बड़े प्रशंसक हैं जो प्रोग्राम एक्सीक्यूटिव थे।

खैर जब स्पोर्ट्र्स की, खेलों की कमेंट्री की तो मुझे याद है, जयपुर में किसी ने कहा ऑल इंडिया लॉन टेनिस को आप क्या बोलेंगे, घटिया गेंद बल्ला मुठभेड़, गुस्सा नहीं आया, मुझे हँसी

कमेंट्री कला

आई उनपे मैंने कहा सुनना। टोक्यो में जब मैं भेजा गया मैलविल डिमेलो के साथ मैं नहीं जानता मैं क्षमा चाहता हूँ, अंग्रेजीवाले आज भी मैं लेखकों की बात नहीं जानता लेकिन प्रसारण करनेवाले आज भी अपने को बहुत श्रेष्ठ मानते हैं। डिमेलो ने हवाई जहाज में कहा 20 साल का अन्तर था उम्र में।

दूसरी बार मैं विदेश गया था, पहली बार मैं एक सोलह साल के वॉसकट के रूप में गया था लेकिन ब्राडकास्टिंग के लिए मैं पहली बार गया डिमेलो ने कहा आई एम राँग एबाउट यू, ह्वाट हिन्दी स्पीड। मैं घबरा गया। मैं देखूँगा पहली कमेंट्री हॉकी की, जब मैं रिकॉर्ड कर रहा था मैं फिर आपसे कहूँगा कि प्रशंसा चाहता हूँ प्रशंसा से लेकिन वो आएगी। मैं क्षमा चाहता हूँ। पहली कमेंट्री और पहली कमेंट्री उसमें हाथों में स्टॉप वॉच और दो मिनट बाद उसका हाथ मेरे पीठ पर जब समाप्त हुआ। डू यूर रिकार्डिंग तो मैंने पूछा। हिम्मत तो बहुत थी घबराहट थी, मेरे में उस दिन के बाद से मैंने पीछे मुड़कर नहीं देखा और यही कोशिश की बी. बी.सी. के एक कमेंटेटर ने कहा 'विच दिस लैगुंएज' डिमेलो ने कहा, 'हिन्दी'।

तो ये बातें सुन-सुनकर के अपने देश की बात कहता हूँ कौन कहता है कि हिन्दी स्वीकार नहीं की जाती। हिन्दी बोलचाल की भाषा हो, प्रचलित भाषा हो और जैसे पूर्व वक्ता ने कहा हमने हिन्दी को बिगाड़ा है अब ये चुटकुला बन गया है लेकिन जयपुर में भी ये हुआ और भी हुआ होगा लेकिन जयपुर में अपने साथ हुआ है जब कि 'सेक्रीयट' कहा चले रिक्शेवाले से, तो बोला कि मेरे साथी से। अंग्रेजी बोलो नहीं सचिवालय चलना बोलो। क्या बोल रहे हो ? आगे हिन्दी बोलो, मैंने कहा हिन्दी बोलो सेक्रेटरिएट वहीं दफ्तर चलोगे न सरकारी सेक्रेटेरिएट तो ये हाल हो गया है। मैं आज देखता हूँ हिन्दीवाले भी घर में मम्मी, डैडी, थैंक यू बोलो बेटा। क्यों, हिन्दी में माफी चाहता हूँ, मैंने देखा है हिन्दी को बड़े-बड़े लेखकों को। तो अगर हम घर से शुरुआत करें संकल्प करें। मैं मेरे बच्चों को पसन्द नहीं करता अंग्रेजी स्कूल में पढ़ते हैं। ये थैंक यू और एक्सक्यूज मी। मैं जब लिफ्टवाले को कहता हूँ कि क्षमा करें तो मेरे तरफ ऐसे देखता है कि कहाँ से यह जानवर आ गया, लेकिन क्यों नहीं शुरू करें, धन्यवाद। जब मैं कहता हूँ। किसी बंगाली को वो खुश होता है। मंगलौर में एक रेलवे का भारवाहक मेरी आवाज़ सुनकर कहने लगा सरदारजी आप वो वो

वो पूछता। प्रश्नमंच होता था। ये उदाहरण है हवाई जहाज में दो तमिलभाषी अच्छे पढ़े-लिखे व्यापारी : यू अंडरस्टैंड योर हिन्दी। तो मैं इसलिए कह रहा हूँ कि अगर हम उन्हीं की भाषा में अंग्रेजी में बड़े अच्छे शब्द हैं, जैसे कम्यूनिकेशन। तो हम आपसी आदान-प्रदान अगर अपनी जानकारी का करें तो हिन्दी में हो। टी.वी. में काम किया रेडियो में काम किया। उद्घोषक रहा, समाचारवाचक रहा, प्रोड्यूसर भी रहा, प्रशासन भी सँभाला और अब एक स्कूल से सम्बन्ध है मेरा, स्वयंसेवी संस्था है वहाँ मुझे हिन्दी में काम करना पड़ता है। अब मैं देखता हूँ कि मेरे पूर्व-पत्र का कृपया उल्लेख करें तो उसकी जगह मैं लिखता हूँ कि कृपया मेरा वो पत्र देखें जो आपको मैंने दिनांक फलाँ को लिखा था, तो अगर बोलचाल की भाषा बोलें। धन्यवाद सिन्धिया साहब को जिन्होंने मुझे रेलवे एनाउंसर्स को प्रशिक्षण देने का कार्य सौंपा था तो ऐसे हवाई अड्डों पर सौंपा था। जब मैं वहाँ गया तो उड़ान इतने विलम्ब से आ रही है निर्धारित समय से मैंने इसे बदला, बदला तो वे जो आए थे, वहाँ वे लेने प्रशिक्षण, वो कहने लगे कि अभी पार्लिमेंट की कमेटी आएगी वो जान खा जाएगी मेरी, हमारे अफसर को पसन्द नहीं करेंगे मैंने कहा कितने लोग समझते हैं तो बोले हाँ हम लेट आएगी जो आम आदमी बोलता है तो हर्जा क्या है या फ्लाइट लेट आएगी कितने लोग आकर पूछते हैं कि रेल कितनी लेट है तो ये तो पूछता है कि कितनी विलम्ब से है। जब हज के लिए हवाई जहाज चलाते हैं और अपने ये ट्रेन विशेष रेलगाड़ियाँ चलती हैं। तो ज्यादातर वे लोग होते हैं जो न हिन्दी समझते हैं, न उर्दू, न अंग्रेजी, न फ़ारसी। वहाँ यदि आप बोलेंगे तो कितने लोग समझेंगे ? ये बात शिकायत के तौर पर सिन्धिया साहब को पहुँची जिन्होंने उस समय मेरी बात को स्वीकार किया तो मैं फिर उस बात पर आता हूँ अधिक समय न लेते हुए कि आज भी ऐसे शब्द हैं। हिन्दी में खेल भी करता रहा हूँ। मैं जब डाइरेक्टर था शिक्षा मन्त्रालय में एक मीटिंग हुई और एक कमेटी बनाई गई जिसमें मैं एक्स ऑफिसियल एक सरकारी प्रतिनिधि के रूप में था मैं अपने महानिदेशक से कह गया साहब मैं इसके विरुद्ध हूँ कि तकनीकी भाषावली का आप हिन्दी में अनुवाद करें। बोले तुम अपना देना। दृष्टिकोण मैंने दिया। अब आप सुनेंगे वो किताब, कितना खर्चा हुआ है, वो किताब मेरे पास है मैंने अपने किताब में उसकी चर्चा की है।

बोलचाल की हिन्दी चाहिए

पेनाल्टी कॉर्नर 'दंड-कोना' हो गया और बास्केटबॉल में जो 'बेवर' था वो कीलर हो गया, और जब बात आई मिड ऑन पे, सिली मिड ऑन पे। सब उसमें दो-एक साहित्यकार भी थे, प्रशिक्षक भी थे और खिलाड़ी भी थे और मेरी बात अन्त में मानी गई अच्छा साहब जिनका नहीं होता उनको रहने दीजिए सिली मिड ऑन को सिली मिड ऑन होता है। यदि आप पिच को पट्टिका कर दें तो कितने लोग बोलेंगे। इसलिए मैं जब तक आकाशवाणी और दूरदर्शन में रहा मैंने बैट्समैन रखा बल्लेबाज नहीं रखा, आज मैं लिखता हूँ मेरा सम्पादक मेरे कॉलम में बल्लेबाज कर देता है। मैं बैट्समैन लिखता हूँ। लेकिन यहाँ प्रसारण करता हूँ, वहाँ, ये भी देता हूँ कभी भी चाहे बी.बी.सी. को दो या किसी और संस्था की मैं अब भी बैट्समैन ही बोलता हूँ। जो आदमी समझता है और जो तकनीकी भाषा है उसको मैं क्यों बोलूँ लेकिन मैं आज हमारे राईटिंग मीडिया भी उसी में लगे हुए हैं जैसा कहा गया।

अंग्रेजी कॉन्सनट्रेसन का कितना अच्छा शब्द है कि ध्यान नहीं है उनका या एकाग्रता नहीं है तन्मयता नहीं है। विश्वकप की कमेंट्री हो रही दूरदर्शन पे हिन्दी में है। ऐक्सलेंट पिच है ये बहुत ही ब्यूटीफुल तरीके से गेंद उछाल ले रही है, तो हिन्दी को हिन्दी रहने दें, एक तो क्लिष्ट हिन्दी नहीं चलेगी अब हिन्दी के अखबारों की बात लाता हूँ मैं कह देता हूँ जयपुर में।

यहाँ तो मेरी हिम्मत नहीं होती मैंने कहा अगर हिन्दी का या कोई हिन्दू मरता है तो आप लिखेंगे निधन हो गया, देहावसान हो गया, देहान्त हो गया और जब मुसलमान मरता है तो स्वर्गीय से मरहूम बन जाता है और बुलेटिन हिन्दी का है। उर्दूवाले नहीं बदलेंगे वे मरहूम ही बोलेंगे। चाहे हिन्दू हो, सिख हो, या मुसलमान ये कहाँ की हिन्दी है। अखबार आता है 'ओलिम्पिक का आगाज' हिन्दी का अखबार है और आगाज के नीचे बिन्दी नहीं होती। एक सच्चा किस्सा सुनाता हूँ दो-तीन साल पहले जब एक एनाउंसर ने, नाम था तबला वादक का जलील अहमद और उसके एक बिन्दी लगा दी उसने घोषणा कर दी ज़लील अहमद। ऐसा बावेला मचा कि डी.जी. साहब को आके सुनाया मुझे। मैंने नहीं सुना लेकिन जिसने ऐसा किया उस उद्घोषक को बुलाया गया तो ये कुछ चीजें हैं कि हम घर में सुनें, अखबारों में देखें।

मैं ये कहता कि डिक्शनरी से देख के लगा लो, कुछ भाषा

अनुवादबाजी ठीक नहीं

जैसे मेरे पूर्ववर्ती ने कहा कि जो स्वीकार कर लिए गए हैं शब्द उनको हम भले ही लें ले और लोकसभा का एक समाचार है, इलेक्ट्रॉनिक है मीडिया बस, मेरे पास समय नहीं था तैयारी करने का, उसमें था किसी सदस्य ने किसी दूसरी सदस्य से 'दिस इज नॉट ऑफ योर बिजनेस' उसका अनुवाद आया 'आपका कोई व्यापार नहीं है' इस सम्बन्ध में। मैंने अपने कान से सुना है। मैं और मेरी पत्नी अपने माथे पर हाथ रखे बैठ गए तो कृपया अनुवाद मत करिए, नहीं आता तो पूछिए चार आदमियों से।

जिनसे पूछा जा सकता है अब लाइव रिले होगा जीवन्त प्रसारण किया जाएगा। आप सीधा-सीधा क्यों नहीं करते कि अब आँखों देखा हाल सुनाएँगे या सीधा-सीधा प्रसारण करेंगे।

मैंने सात के बजाए, दस मिनट ले लिए, जो मेरे पेशे के लिए मेरे धन्धे के लिए भी गलत है लेकिन भरा हुआ हूँ जैसा मैंने आपसे कहा क्षमा चाहता हूँ, और सिर्फ कमलेश्वरजी और पचौरीजी का बहुत धन्यवाद करना चाहता हूँ, मुझे आपके बीच थोड़ी अपनी बात कहने का, आप कोई भी अन्यथा न लें मैं सिर्फ यही चाहता हूँ हिन्दी मेरे देश की भाषा पनपे विकसित हो और उसका प्रमाण मेरे जीवन में तीन बार आया जब डॉक्टर राधाकृष्ण, श्री कामराज नाडार और एक और दक्षिण भारतीय नेता का देहान्त हुआ और उन्होंने हिन्दी में कमेंट्री करवाई। यहाँ से भेजा नहीं जा सका एक दक्षिण भारतीय महिला ने और एक पुरुष ने इतनी अच्छी, ठीक है उनका उच्चारण वो सब और आज हम मजाक उड़ाते हैं मीडिया में हिन्दीवालों को, अटल बिहारी वाजपेयीजी की नकल उतारे हैं और कोई देखता नहीं है।

तो आज हिन्दी में जिन नेताओं में प्रशंसा मुझे आई है उनमें इसलिए नहीं कि वाजपेयीजी प्रधानमन्त्री हैं या उससे पहले इन्दिराजी, लाल बहादुर जी शास्त्री, मोहनलाल सुखाड़िया, जवाहरलाल नेहरू और अब वाजपेयीजी। आडवाणीजी बहुत क्लिष्ट बोलते हैं लोग मुझसे पूछते हैं इसका क्या अर्थ हुआ, बोलते हैं सही तो एक तो उच्चारण हमारा सही हो बिना बात जहाँ बिन्दी न लगानी हो वहाँ लगा दी ब्रॉडकास्टर्स की बात कर रहा हूँ और जहाँ बिन्दी होनी चाहिए वहाँ जरूरत को जरूर बोल दिया, रोज सुनता हूँ। खान को ख़ान कहिए। तो ये कुछ अपने निजी व्यक्तिगत अनुभव हैं लेकिन श्रोता और दर्शक के रूप में कभी-कभी बहुत दुःख होता है तो अगर आप और हम सब यदि

मिलकर अपनी हिन्दी को उसी स्थान पर ला सकें तो यह हिन्दी की सबसे बड़ी सेवा होगी और उसमें बी.बी.सी., वॉइस ऑफ अमेरिका, जर्मनी, रेडियो मास्को, चाईना यानी ताज्जुब होता है कि किस तरह से वे लोग, आप लोग तो हिन्दी भाषा-भाषी हैं चीन में जब एक महिला ने मुझसे कहा सिंजी तो मेरे समझ में नहीं आया कि हिन्दी में इतना बोल रही है, पढ़ी होगी लेकिन जब पता पड़ा कि बराबर धर्मयुग पढ़ती रही है, मुझे पढ़ती रही है, वो जानती थी, काफी आपका वो लेख, आपका वो लेख धर्मयुग जैसी, दैनिक हिन्दुस्तान जैसी पत्रिकाएँ नहीं हैं तो सारा दायित्व जो है वो आज इलेक्ट्रॉनिक मीडिया पर आ गया है। मैं एक बार फिर आभार प्रकट करता हूँ। समय ज्यादा लिया लेकिन मुझे लगता है कमेंटेटर को आप बर्दाश्त कर सके हैं हिन्दी लेख के लिए।

स्टाइल का सवाल : आलोक मेहता

मेरा ख्याल है वैसे भी मैं आया था वो भी देर से। सुनने आया, इसकी सजा मुझे मिली है वरना बीच में मैं आप लोगों को सुनकर भाग जाता। फिर भी अचलाजी का आदेश भी था और मुझे पहुँचना था कि एक अच्छी गोष्ठी जिससे कम-से-कम एक नई जो चुनौतियाँ हमारे पेशे को जो हैं और जब मैं सा. हिन्दुस्तान में जब था तो बीस पृष्ठ का लिख लेता था, रेडियो में था तो पाँच मिनट के लिए या तीन मिनट के लिए भी लिख लेते थे, टी.वी. के लिए बोलना हो तो डेढ़ मिनट के लिए भी होता है तो जितना पचौरीजी ने कहा है तो तीन बात एक-एक पंक्ति में कहकर अपना समाप्त करता हूँ कि जो नई चुनौतियाँ हैं। मेरा चूँकि आप लोग क्रीम ऑफ दी क्रीम इसको कहना चाहिए। रेडियो टी.वी. के और अखबारों से जुड़े हुए रहे हैं। और इस समय भारत में जो सुननेवाले लोग हैं समझनेवाले लोग हैं उनसे जुड़े हुए भी हैं तो आपसे कोई भाषण देने की आवश्यकता नहीं है तो शायद इस पर कुछ मनन जब हम आपस में बैठे हैं, उसमें सहयोग शायद बी.बी.सी. भी कर सके जो लोग हम अखबारों हम प्रयास भी बहुत वर्षों कर रहे हैं पूरे मुकाम पर नहीं पहुँचा है। दे. भास्कर में मैं अभी हाल में गया हूँ कमलेश्वरजी तो बहुत पहले से भी थे। जब मैं हिन्दुस्तान में था तब भी मैंने कुछ आग्रह किया था, हेमन्तजी

हिन्दी की 'स्टाइल बुक' चाहिए

को छापा भी था कि हिन्दी कैसे सही हो लगभग सब अखबारों में छपे स्टेट्समैन की स्टाइल बुक थी, नवभारत टाइम्स में बाल मुकुन्द ने काम किया, इसी तरह रेडियो में और अखबारों मे जो हिन्दी उपयोग हो रही है शायद बी.बी.सी. भी कुछ सहयोग करे भारत के किसी प्रकाशन के साथ, पचौरीजी जैसे विद्वान व्यक्ति के साथ कुछ सहयोग ले सकें, एक ऐसी कुछ एक-दो पुस्तकें भी अच्छी तैयार हो सकें तो उसका एक लाभ होगा, चूँकि इंटरनेट आ गया, रेडियो आ गया अैर टी.वी. आ गया और भाषा धीरे-धीरे भ्रष्ट हो रही है, खतरा इसके साथ एक और है, नई पीढ़ी के लोगों को आगे आना चाहिए। हम लोगों ने भी 17-18 वर्ष की उम्र से लगभग काम करना शुरू किया तो नए लोगों को देखकर अच्छा भी लगता है लेकिन होता ये है कि भाषा यदि अन्दर से न हो, जो चुनौतियों की बात आप कर रहे हैं, समस्या क्या आ रही है कि जब ये जो मीडिया है, खास करके रेडियो और टी.वी. का, अखबार में तो पता नहीं चलता कि आलोक मेहता ने लिखा है या आनन्द पांडेय ने लिखा है। नाम यदि बाय लाईन न हो तो किसी को पता नहीं चलेगा। रेडियो, टी.वी में चूँकि आवाज सामने सुनाई भी देता है और दिखता भी है, उसमें यदि दिल से निकली हुई आवाज न हो तो ठीक से मतलब दिल मतलब जो अपनी भाषा जिसके मन में हो, वो जर्मन हो सकते हैं, वो जापानी हो सकते हैं और फ्रेंच हो सकते हैं, ब्रिटिश हो सकते हैं, समस्या ये आ रही है चूँकि नया मार्केटिंग का जो युग है, उसमें चेहरा ज्यादा महत्त्वपूर्ण हो गया या आवाज महत्त्वपूर्ण हो गई है, इसमें क्या होता है कि वो अंग्रेजी ठीक से जानता है वो उसे पेश कर दिया जाए।

लेकिन वो हिन्दी ठीक से न जाने और ऊपर से बोलो खाली ट्रांस्लेट भाषा बोले वो उसका इम्पेक्ट नहीं बनता और उसे जो आपके व्यूवर हैं जो लिसनर हैं जो श्रोता हैं (जसदेव सिंह जी, सौरी) जसदेव सिंह जी शायद नाराज होंगे मैं भी कुछ अंग्रेजी भाषा का प्रयोग कर रहा हूँ, बीच-बीच में, लेकिन जहाँ तक मेरा अपना विचार है मैं मानता हूँ कि बी.बी.सी. जिस भाषा का उपयोग कर रही है और क्लिष्ट भाषा का उपयोग न हो और जहाँ ऐसी आवश्यकता हो बहुत ज्यादा जी ने जो एक समय में प्रयोग किया था उसका तो मैं पक्षधर नहीं हूँ कि हर अगले वाक्य में कुछ और भाषा का उपयोग हो लेकिन जैसे आज तक हम कर रहे हैं और लोग प्रयास कर रहे हैं और मुझे लगता है कि आवश्यकता एक

और बात की है कि हिन्दी के लोग जो शिक्षित-प्रशिक्षित हैं और ठीक हिन्दी मूल रूप से लिखना-पढ़ना जानते हों, उनको यदि आप पेश करेंगे तो वे ज्यादा श्रोताओं को, ज्यादा दर्शकों को अपनी तरफ आकर्षित कर सकेंगे। ये एक बड़ी चुनौती है और इसीलिए भाषा पर भी काम होगा। इस नए सन्दर्भ में तो इंटरनेट पर भी उसका लाभ होगा और हम लोग अपने अखबार पर हमने दो महीने का प्रोजेक्ट कुछ लोगों को दिया है। हो सकता है अगले दो महीने में एक पुस्तक का रूप सामने आ जाए या कम-से-कम एक भाषा बन जाए चाहे वो किसी अन्य माध्यम से बात करें हमने वहाँ भी बात की है चाहे इसके फेलोशिप भी देना पड़े। इसके आगे बी.बी.सी. भी उसमें कुछ सहयोग पर सकती है तो ऐसे लोगों को बढ़ाकर के दे करके भाषा के सन्दर्भ में कि कैसे अधिक लोगों को यदि जोड़ सके इस पर यदि कुछ काम होगा तो निश्चित रूप से उसका लाभ होगा जैसा मैंने शुरू में कहा था कि राजेन्द्र माथुर या मनोहर श्याम जोशी अंग्रेजी के सम्पादकों से बेहतर जानते थे लेकिन हिन्दी में वे बोलते, लिखते व सोचते थे तो उनकी बात का ज्यादा प्रभाव होता था। यही हमारी नई चुनौती है इस बीचवाली पीढ़ी की या आनेवाली पीढ़ी की उसमें हम और आप मिलकर कुछ कर सकेंगे तो सचमुच इस तरह की गोष्ठी सार्थक होगी। आपका बहुत-बहुत धन्यवाद।

जितने माध्यम उतनी हिन्दी : अजय उपाध्याय

हिन्दी सतत परिवर्तनशील है

आदरणीय कमलेश्वरजी और पचौरीजी आप दोनों लोगों को बहुत-बहुत धन्यवाद, मौका देने के लिए। आज जो विषय है वो विषय बहुत सटीक विषय है क्योंकि ऐसा नहीं कि केवल जो नई सदी आई है 21वीं सदी उसमें भाषा बदल रही है। हिन्दी तब भी बदल रही थी जब 20वीं सदी आ रही थी और उस समय के तमाम बड़े कवि भी कोशिश कर रहे थे कि वो ब्रजभाषा में कविता लिखें। कुछ लोगों ने खड़ी बोली में लिखना शुरू किया और धीरे-धीरे खड़ी बोली ही हिन्दी हो गई और ब्रजभाषा चली गई। लेकिन इसका ये कतई अर्थ नहीं है कि कबीर, रहीम और तुलसी का महत्त्व खत्म हो गया, हिन्दी पढ़नेवाले आज भी पाँच सौ साल पहले लिखी हिन्दी समझते हैं और खूब अच्छी तरह

समझते हैं, इतनी अच्छी तरह समझते हैं कि कईयों को कंठस्थ है, पुस्तक की पुस्तक, अध्याय। अभी भी कोई बात कहनी होगी तो रहीम की भाषा में पचौरीजी बताएँगे कि आपको समय कम दिया जा रहा है या ज्यादा दिया जा रहा है। 20वीं और 21वीं सदी की भाषा में नहीं बता पाएँगे शायद। तो भाषा जो है वो निरन्तर बदलती है और बदलता रहना उसकी नियति है उसकी प्रकृति है, दोनों है, दूसरी बात है कि 21वीं सदी की भाषा है उसका और बाकी जो भाषा रही है उसके बीच का जो अन्तर है वह है तकनीकी क्रान्ति। तकनीकी क्रान्ति कोई आज की क्रान्ति नहीं है। 200 साल हो गए चल रही है पर जितनी तेजी से आज बदल रही है उतनी शायद पहले नहीं बदली थी। भाषा उसकी अलग-अलग होगी, इंटरनेट की भाषा अलग होगी, जो लोग कहते हैं कि भाषा का एक मानदंड बनाया जाए वो गलत कर रहे। इंटरनेट की भाषा अलग होगी, टी.वी. की भाषा अलग होगी और प्रिंट मीडिया की भाषा अलग होगी। दिक्कत तब आएगी जब कन्वर्जेंस आएगा, इंटरनेट टी.वी. पर आएगा। उसकी भाषा क्या होगी, भाषा की असली चुनौती होगी और इंटरनेट की भाषा बतानी होगी क्योंकि उसमें जिस तरह प्रिंट मीडिया में आप लिखते हैं उस तरह से आप नहीं लिख सकते। रेडियो की भाषा अलग है और टी.वी की भाषा बिल्कुल अलग है टी.वी. के पास विजुअल का एक बहुत बड़ा होता है। विजुअल के सपोर्ट के चलते उनकी जो भाषा होगी वो बिल्कुल अलग होगी और वो आम जनता के बिल्कुल करीब होंगे क्योंकि भारत जैसे देश में, जहाँ अशिक्षितों की संख्या बहुत लम्बी है, वो लोग जो कि लिख-पढ़ नहीं सकते हैं, वो लोग सुन सकते हैं, समझ सकते हैं और बेहतर समझ सकते हैं। और देश के एक बड़े हिस्से से ताल्लुक रखते हैं। रेडियो और टी.वी. का अलग महत्त्व होता है तो उसकी अलग भाषा होगी और उन्हें अपनी भाषा को उसी रूप में ढालना मुझे केवल इतनी बात कहनी है, धन्यवाद।

कन्वर्जेंस और हिन्दी

ज्ञानेन्द्र पांडे का सवाल

मैं ज्ञानेन्द्र पांडेय (ज्ञानेंद्र पांडेजी) नई दुनिया भोपाल का कोरसपोंडेंट हूँ दिल्ली में—मेरा सवाल कमलेश्वरजी के माध्यम से सारे वक्ताओं से है, हम हिन्दी बात तो कर रहे हैं, हिन्दुस्तानी का जिक्र बिल्कुल नहीं आया है और उसके बारे में चाहता हूँ कि कुछ

मंच से प्रतिक्रिया। हिन्दुस्तानी एक ऐसी भाषा जो हिन्दी, उर्दू और यहाँ की अवधी और ब्रज के शब्दों को मिलाकर करके एक अलग समूह है नया धन्यवाद।

अध्यक्ष कमलेश्वर का जवाब

ज्ञानेन्द्रजी बात तो आपने सही कही, इससे कोई दिक्कत नहीं है लेकिन अब वो कुछ शब्द कभी-कभी छूटते जाते हैं, हर शब्द लगातार साथ नहीं चला करते जैसा कि भाई आलोक ने भी कहा मैं बाहर से सुन रहा था। अजय उपाध्याय ने भी कहा भाषा निरन्तर परिवर्तित होती रहती है, ऐसे में हिन्दुस्तानी शब्द का यहाँ न आना कोई मैं समझता हूँ कि बहुत बड़ी भूल या गलती नहीं है। आज जो हिन्दी में एक कशमकश जारी है, जिसमें हिन्दी को हिन्दी बनाने की जरूरत महसूस हो रही है, उसे हम हिन्दुस्तानी भी कह सकते हैं और उसमें जो हमारी लोकभाषाएँ हैं, क्षेत्रीय भाषाएँ हैं, उनका बहुत बड़ा और बहुत ज्यादा योगदान इस रूप में मौजूद है। आप अगर देखें तो जो प्रादेशिक अखबार हिन्दी में निकलते हैं वो अपनी लोकभाषाओं के बगैर क्षेत्रीय भाषाओं के बगैर वहाँ पर लोकप्रिय नहीं हो पाते।

इसलिए मतलब कि हम अपनी भाषा को कितना सरल बनाएँ। मैं एक छोटी सी बात आपको बता दूँ, भाषण तो मैं दे भी नहीं पाऊँगा, समय नहीं बचेगा बाद में, इलाहाबाद में जब हम लोग थे तो हमसे जो आगे के विद्यार्थी थे, वे लोग बाहर आकर साहित्यकार हो गए थे तो एक पत्रिका निकाली पत्रिका निकालने में एक सम्पादकीय लिखा, हम लोग भी एम.ए. पास करके निकले थे। उस सम्पादकीय की भाषा हिन्दी हमारे समझ नहीं आई तो हमने सोचा कि हम भी उसी विश्वविद्यालय के पढ़े हैं, यूनिवर्सिटी के, ये भी वहीं से पढ़ के आए हैं और अभी हमारे जो प्राध्यापक हैं, गुरुजन हैं वे भी नहीं बदले हैं, उन्हें भी हिन्दी उन्होंने ही पढ़ाई है जिन्होंने हमें भी पढ़ाई तो कैसी हिन्दी आ गई, जब जरूरत इस बात की पड़ी कि हम उस हिन्दी का हिन्दी में अनुवाद पेश करें। मैं समझता हूँ हिन्दी-से-हिन्दी में अनुवाद करना यही हिन्दुस्तानी है बजाय इसके कि एक कठिन भाषा की तरफ बढ़ते जाएँ, भाषा निरन्तर विकसित होती रहेगी और सरल से सरलतम

बनते चले जाना शायद उसका भविष्य हो आप में से और कोई। आप प्लीज...

रजनीश का प्रश्न

मैं रजनीश पायनियर से। मैं अचलाजी से पूछना चाहूँगा तथा दिल्ली में जो बी.बी.सी. के साथी हैं, उनसे, 26 जनवरी से 8 बजेवाली सभा शुरू है और मेरा जहाँ तक याद है, मुश्किल से 6 या 7 लोग जो आमन्त्रित लोग होते हैं वे हिन्दी में थे बाकी जो लोग भी उसके हैं विशेषज्ञ रक्षा के हों या बाकी किसी मामले के हों, इंगलिश के होते हैं जबकि हिन्दी में उस विषय के लोग हैं तो फिर इंगलिश के लोगों को क्यों बुलाया जाता है।

अचला शर्मा का जवाब

मैंने भी इस बात पर वाकई ध्यान नहीं दिया था अब तक, किस तरह के विशेषज्ञ बुलाए गए हैं जैसाकि आपने खुद ही कहा कि सिर्फ 26 जनवरी से इतने कम दिन हुए एक महीने से कुछ समय ज्यादा, ये नई सभा की शुरुआत हुई है और कोशिश हमारी यही है कि जितने लोग, जितने विशेषज्ञ जो अपने-अपने विषय के आ सके हम उन्हें बुलाना चाहेंगे आप हमें सूची भेजिए सभी विशेषज्ञों की हम उन्हें जरूर आमन्त्रित करेंगे।

जेनेरली तो एडीटर होते हैं यहाँ पर कमलेश्वरजी, सुधीश पचौरीजी भी आ सकते हैं लेकिन जैसे तहलका के बाद राहुल बेदी आए, राहुल बेदी के बजाय रंजीत कुमार को बुलाया जा सकता था। इस तरह की बात मैं कहना चाहती हूँ बाकी ताकि एडीटर लोग होते, तो लोग हिन्दी के नहीं होते, हिन्दी के पत्रकारों को नहीं बुलाया जाता जेनेरली, पत्रकारों हिन्दी के आए हैं छः या सात में बाकी अंग्रेजी के आए हैं।

एक श्रोता का सवाल

(अचलाजी) क्या आप वाकई दावे से कह सकते हैं कि इतने दिनों में सिर्फ छः-सात ही पत्रकार हिन्दी के आए हैं सिर्फ ज्यादा-से-ज्यादा दस होंगे ये तो मैं भी दावे के साथ कह सकता हूँ।

अचलाजी

आपने सवाल किया है तो मैं जरूर इस पर गौर करूँगी, देखूँगी कि कितने दस आए हैं या उससे कम आए हैं लेकिन मैं आपकी बात को जरूर ध्यान में रखूँगी।

धन्यवाद।

सुधीश पचौरी अरे ऐसे ही सवाल करो भैया—ये क्या, ऐसा है कि मैं बताऊँ थोड़ा हिन्दीवालों की तरह बातचीत होनी चाहिए थोड़ा खुलके...

आनन्द पांडेय का सवाल मैं आनन्द पांडे दैनिक भास्कर से हूँ साहब आप सभी लोग से मेरा एक प्रश्न है यहाँ बड़े-बड़े विद्वान बैठे हैं, इलेक्ट्रॉनिक मीडिया, प्रिंट मीडिया सारे उसके। मैं एक जो आज जॉब ढूंढ़ रहे हैं उनकी तरफ से एक बात पूछना चाहता हूँ और आप लोगों से प्रश्न करूँ कि जब यंग लोग के बीच में जाते हैं तो सदा बातें चलती हैं कि विद्वान जो लोग हैं वो सिर्फ बौद्धिक जुगाली करते रहते हैं उसके सिवाय हिन्दी के लिए कुछ नहीं करते। मेरा प्रश्न सीधे ये है कि जब यंग चेप कहीं इलेक्ट्रॉनिक मीडिया में या प्रिंट मीडिया में जॉब ढूँढ़ने जाता है तो वहाँ सबसे पहले बात होती है अंग्रेजी की, तो मैं जानना ये चाहता हूँ कि हिन्दी को जॉब से, रोजी-रोटी से नहीं जोड़ा जाएगा, तब तक मेरा ख्याल है कि चुनौतियों का सामना करने में मुश्किल हो जाएगी। आप लोग क्या सोचते हैं।

मृणाल पांडे का जवाब

देखिए, ये किसी ने कहीं कहा कि हिन्दी रोजी-रोटी से नहीं जुड़ी हुई है, दिक्कत ये जैसा मैंने कहा कि स्त्रियों के सन्दर्भ में लोगों के दिमाग में एक ही रहती है कि वो या तो देवी है या वेश्या है।

इसी तरह हिन्दीवालों के जेहन में यह बात घुसी हुई है कि हिन्दी या तो पवित्र देशभक्ति की भाषा है या बाजारू है और ये शब्द अपने आप में एक तरह का गर्हित या बुरी ध्वनि देनेवाला शब्द है तो ये मानसिकता हिन्दी की अगर है तो इससे मुक्त होना पड़ेगा क्योंकि बिना बाजार से जुड़े नौकरी साहब घर बैठे तो कोई देगा नहीं। घर बैठे डॉट कॉमवाले भी नौकरी देंगे तो वो आपको यदि महिला है तो मेटरनिटी वेजेज भी नहीं देंगे। बेनीफिट्स नहीं देंगे वो अपना पैसा

अपना उल्लू सीधा करेंगे और आप एक तरह से कहा जाए तो आप अनआर्गनाइज सेक्टर में आ जाएँगे।

इसलिए मुझे लगता है कि ये बात माँग करती है। खुद हिन्दीवालों से कि वे अपने दामन में झाँकें ऐसे जब मैंने महिलाओं के बारे में लिखना शुरू किया था, कॉफी आज से तीन दशक पहले

तो एक उससे सबसे बड़ी दिक्कत ये आई कि जो स्त्रियाँ घर से निकलकर बाहर काम करती हैं, उनके लिए जितने भी शब्द काम जुड़ते थे—काम शब्द का अपना अर्थ द्विअर्थी कई लोगों ने तुरन्त मुझे बताया हाँ-हाँ इसके मतलब ये होता है—जैसे कि मुझे पता नहीं था। तो फिर मैंने देखा कि स्त्री को जहाँ आप किसी भी व्यवस्थित रूप से काम से जुड़े हैं वो शब्द अपने आप में हीन या निन्दनीयता की गन्ध देने लगता है पेशा या बाजारू या धन्धा इन सबमें एक ही कारक हुई है और यही बात हिन्दी के साथ भी है। हिन्दीवाले जब नौकरी ढूँढ़ने के लिए निकलते हैं तो उनके मन में कहीं पर एक ये अवचेतन मैं नहीं कहती चेतन रूप से बल्कि अवचेतन रूप से यह भाव रहता है कि हम तो अपने मंच से नहीं उतरेंगे, हम तो जैसे हैं वैसे ही ठीक हैं। अपने धन्धे की जो अन्दरूनी माँगें हैं, उसके साथ किसी तरह का समझौता नहीं करेंगे। बहुत समय तक हिन्दी की जितनीं सारी पत्रिकाएँ थीं टाइम्स ऑफ इंडिया ग्रुप से मैं भी सम्बन्धित रही, वो सब क्रॉस सबसिडिज होती थीं।

बाजार-दोस्त बनना होगा

अखबारों से जो पैसा आता था उनका अलग से वार्षिक वित्तीय लेखा-जोखा भी प्रस्तुत नहीं किया जाता था इसलिए वे पत्रिकाएँ कालान्तर में बन्द हो गईं। मेरा ख्याल है कि हिन्दीवालों को बड़ी निर्ममता से स्वीकार करना होगा कि अगर आप प्रतिस्पर्द्धी बाजार की दुनिया में पहले नम्बर की भाषा के रूप में स्थापित होना चाहते हैं तो फिर आप ये नहीं कर सकते कि मीठा-मीठा आप खा लें और जो खट्ठा है उसे हजम न करें तो इसलिए बाजार से बाजारूपन से हमें निन्दनीयता की गन्ध हटानी होगी और हिन्दी के साथ सबसे बड़ी दिक्कत यही है कि हिन्दी के लोग कई बार जब नौकरी ढूँढ़ने आते हैं तो अगर उनके पास जो जरूरी वांछनीय अर्हताएँ हैं उनमें एक ये भी है आज, कि आपको एकाधिक भाषाएँ आनी चाहिए, भारतीय भाषाएँ या अंग्रेजी में से एकाधिक भाषाएँ आपको आनी चाहिए। ये बस लोग जो इंटरव्यू बोर्ड में बैठते हैं, जानते हैं और ये स्वीकार कि जो लोग नौकरी ढूँढने के लिए निकले हैं उनको भी अपने अन्दर करना ही होगा।

मणिकान्त का सवाल

मेरा सवाल थोड़ा सा टेढ़ा यदि लगे तो माफ करेंगे—मेरा ये कहना था कि इतने सारे वक्ताओं ने अभी हमारे सामने दो-तीन बातें

कहीं, उनमें से एक लग रहा था कि बात हमारी जो सरकारी व्यवस्था है, जो हमारी सरकारें हैं चाहे वो राज्य में हो या केन्द्र में हों। उन्होंने हिन्दी को क्षति पहुँचाने या हिन्दी की गति को रोकने की दिशा में जो कुछ किया है उसकी तरफ संकेत नहीं हुई, दूसरी बात की ये जो हिन्दी माध्यम के स्कूल विद्यालय बहुत बुरी स्थिति में आ गए हैं और जो तथाकथित अंग्रेजी माध्यम के स्कूल हैं इतने पनपे हैं उन्होंने जो, जिस तरह की नई पीढ़ी दी है वो हिन्दी पत्रकारिता के लिए कितनी उपयुक्त है और उसमें कितनी हिन्दी के प्रति वो उसमें आगे हिन्दी को बढ़ाने के लिए एक मुद्दा है, मुझे लगता है कि उसकी कमी है तो इस रुकावट को, मुश्किल को, किस तरह से कम किया जा सके।

रजत का जवाब आपने दोनों बातें बिल्कुल ठीक कहीं हैं, दूसरी बात खास है कि आपने कहा कि जो हिन्दी माध्यम के स्कूल हैं। अभी मैंने कुछ दिन पहले एक सर्वे देखा है उससे पता ये चल रहा है कि हिन्दी माध्यम के स्कूलों और आमतौर पर हिन्दी माध्यम के स्कूल सरकारी स्कूल होते हैं। सरकारी स्कूलों से निकलनेवाले बच्चे सिर्फ जो लोअर चपरासी या एल.डी.सी. के जॉब। बहुत कोई होता है तो यू.डी.सी बन जाता है, जितने भी लोग आई.ए.एस., आई.एफ. एस. या बड़ी जगहों पे जाते हैं, ये इसके अलावा डॉक्टर, इंजीनियर सरकारी स्कूलों से निकलनेवाले बच्चे हर तरह की चीज में तकलीफ है यानी जो बात उन्होंने पहले कही थी कि उन्होंने पूछा था कि रोजी-रोटी से जोड़नेवाली बात ये दोनों आपस में जुड़ी हुई हैं। हिन्दी बोलनेवाले के मन में, हिन्दी कहनेवाले के मन में ये ऐसी हीन भावना घर कर गई है कि जब भी वो किसी काम के लिए जाता है तो लगता है कि मुझे बाकी लोगों के मुकाबले प्रिफरेंस नहीं दी जाएगी चाहे वो सरकारी नौकरी हो चाहे वो प्राइवेट हो इसमें जो स्कूली व्यवस्था है उसका दोष तो है ही, आपका सवाल ये था कि इसके लिए क्या किया जा सकता है। मेरा ख्याल है सरकारों पर निर्भर करना जरूरी नहीं चाहे वो राज्य सरकार हों केन्द्र सरकार हो या सरकारी स्कूल हो लेकिन बहुत सारे सरकारी स्कूल हैं। प्राईवेट स्कूल है, पब्लिक स्कूल है जिनमें हिन्दी पढ़ाई जाती है, अच्छी पढ़ाई जाती है और एक किसी इस बात पर विचार भी चल रहा है कि क्या ये जो प्राईवेटाईजेशन का दौर चल रहा है कि इनमें सारी सरकारी स्कूलों को ऐसी संस्थाओं को सौंप

दिया जाए जो संस्थाएँ अच्छी तरह से प्राईवेट स्कूल चला रही हैं। यह बहुत बड़ा सवाल है। यहाँ हम लोग कोई फैसला नहीं कर सकते लेकिन ये एक सुझाव है सिर्फ मेरी जानकारी है कि इस पर काम चल रहा है और ऐसा कुछ होगा तो उसका बहुत फायदा होगा हिन्दी को भी, हिन्दी बोलनेवालों को भी, हिन्दी पढ़ने-लिखनेवालों को भी और सिर्फ एक बात मैं उनको कहना चाहता हूँ कि आपने कहा था कि हिन्दी रोजी-रोटी से जुड़ी हुई नहीं है बहुत सौभाग्य की बात है। अब परिवर्तन हो रहा है जिनके पास रोजी-रोटी है और जो रोजी-रोटी कमाना चाहते हैं मीडिया के माध्यम से उनको हिन्दी से जोड़ने की व्यवस्था हो।

परवेज़ का सवाल

मैं एक बार फिर से चाहूँगा कि जिस विषय थे हम लोग बातचीत कर रहे थे, उसी पर बात करें। क्योंकि सब इलेक्ट्रॉनिक मीडिया के लोग हैं और इंटरनेट से भी सबका गहरा सम्बन्ध है जो बुलेट प्वाईंट में थोड़ा सा जरा जान लें एक बात टॉपिक पर वापस आ जाए और रजत से शुरू करते हुए कि जैसे चार-चार प्वाईंट अगर आप लोग हमें बता सकें। आपका क्या अनुभव रहा है ? अपने प्रसार माध्यम में हिन्दी का इस्तेमाल करते हुए यानी सम्पादकीय स्तर पर जो ऐडिटोरियल स्टैंडर्ड हैं वो किस तरह से जैसे रजत ने एक बात बताई थी कि कहीं प्रशिक्षण की कमी है दूसरी तरफ ये है कि भाषा ठीक से अभी विकसित नहीं हुई है तीसरी तरफ से यह है कि कहीं हीन भावना के शिकार हैं। अगर आप सब लोग थोड़े से बुलेट प्वाईंट में उन सारे मुद्दों को एक बार फिर से उजागर कर सकें तो मुझे ऐसा लगेगा कि हम सबकी काफी मदद हो सकेगी जिनका सम्बन्ध प्रसारण से है।

सुधीश पचौरी

परवेज भाई शायद आपको जो आशा है जिनका शायद ये चार-चार सेंटेंस में सबको निपटाया जाए तो मैं समझता हूँ कि यहाँ सारे कलाकार लोग हैं, एक से एक माहिर आदमी हैं, देखा जाए कि क्या होता है।

रजत की टिप्पणी

आपने मेरी बात तो कह दी, तीन प्वाईंट से। एक अनुभव की कमी है क्योंकि कोई ऐसा प्रोसेस नहीं है जिससे निकल करके ट्रेनिंग हो सके। दूसरा मन में जो हीन भावना की ग्रन्थि घुस गई है वो, और जो तीसरी बात पोजिटिव जो लगती है वो क्योंकि अब

अंग्रेजी बोलनेवालों को हिन्दी का सहारा लेना पड़ रहा है क्योंकि पॉपुलेरिटी के लिए, कमाई के लिए, हिन्दी में बोलना, हिन्दी के टी.वी. माध्यम का इस्तेमाल करना जरूरी हो गया है तो ये पोजिटिव रास्ता है।

परविन्दर की टिप्पणी इंटरनेट पर हमने देखा है कि इस तरह की भाषा जैसी कई बार लिखी जा रही है—'प्रधानमन्त्री ने संवाददाताओं से कहा' ये लोग लग रहा है जैसा आपने रेडियो पर सुना और लिख दिया, कि इसके अगेंस्ट बहुत तीव्र प्रतिक्रिया हमें साईट पर देखने को मिली है। इस तरह की भाषा नहीं चल पा रही है, यहाँ पर काफी चर्चा हो रही है और मैं प्रबुद्ध जनों के बीच में हूँ। मैं एक आम व्यक्ति की तरह कहना चाहूँगा कि भाषा का विषय हम लोग काफी उठा रहे हैं, हिन्दी भाषा का, पर एक सहजता से बहुत जुड़ा है, अंग्रेजी का काफी कुछ लेना-देना आडम्बर से जोड़ा जाने लगा है। अंग्रेजी हमें थोड़ा आपको यू हैव टू बी डिफरेंट, जैसे कहते हैं या आपको कुछ बनावट करनी पड़ेगी और आपको उस वक्त अंग्रेजी आ जाती है। आप जो कह रहे थे कि हिन्दी बोली जाती है वो सहज नहीं है तो दो चीजें हैं डी.वाई.यू.ए. का अंग्रेजी पढ़ता हूँ टाइम्स ऑफ इंडिया का मैग्जीन पढ़ता हूँ अंग्रेजी बम्बई में, उससे बिल्कुल आईडेंटीफाई नहीं कर पाता हूँ क्योंकि दिक्कत भाषा की नहीं है, दिक्कत विचार की है, वो मुझे लगता है परेशानी भाषा की नहीं विचार किस गोद से आया है इसकी दिक्कत है अगर हम हिन्दी में लिख रहे हैं और विचार अंग्रेजी भाषा से आया है यानी आडम्बर से आया है थोड़ा वहाँ दिक्कत हो जाती है।

रजत की टिप्पणी सुधीशजी एक बात और जो बात मैंने कही थी एक चीज और ध्यान में खुद समझनी चाहिए थी ये कि आठ वर्ष से हमारे यहाँ सेटेलाईट टेलीविजन का चलन शुरू हुआ है जितने भी अंग्रेजी के चैनल थे या जो अंग्रेजी डोमिनैंट चैनल थे या तो वो फेल हो गए या बन्द हो गए या हैं तो जो हैं वो ब्रेक प्वाईंट पर भी नहीं पहुँचे। हिन्दी के जितने चैनल चले और जितने तल्ख हिन्दी में होते गए, उतनी ज्यादा उनकी सफलता होती गई, इस चीज को आपको ध्यान रखना है कि ये जो सफलता है हिन्दी की, इसको बिल्कुल नहीं भूलना है या तो हिन्दी के चैनल सफल हुए हैं या तो हिन्दी के प्रोग्राम सफल हुए हैं और अब आकर ये भी स्थिति है, हिन्दी

न्यूज के जो प्रोग्राम हैं, उसके लिए आपको न्यूज स्पोंसर्स मिलने शुरू हुए हैं। पहले ये काम सिर्फ अंग्रेजी के लिए होता था, अब अंग्रेजी के स्पोंसर कम हो रहे हैं, हिन्दी के स्पोंसर्स ज्यादा हो रहे हैं और यही बात सिर्फ हिन्दी के ही नहीं है बल्कि तमिल चैनल, कन्नड़ चैनल या जो लैंगुएज चैनल है उनका प्रभाव बढ़ा है उनकी कमाई करने की क्षमता बढ़ी है। ये मुझे लगता है कि बहुत पॉजिटिव डवलपमेंट है।

मृणाल की टिप्पणी

रजतजी ने मेरा काम आसान कर दिया क्योंकि उन्होंने ये तो प्रतिपादित तो कर ही दिया है कि हिन्दी की सफलता क्या है और उसकी ताकत क्या है ? मैं इसकी चार कमजोरियों की ओर इशारा करूँगी जो ऐसी गाँठें हैं जिनको खोला जाना और उन पर विचार करना है। मुझे लगता है, जरूरी है पहली तो जो खुद हिन्दी के प्रस्तुतकर्ता हैं, हिन्दी में जो काम कर रहे हैं उनके लिए, पहले जो मैंने अभी विस्तार से बताया जो खुद अपने अन्दर एक प्रकार का संकोच, एक प्रकार की हीनभावना और दूसरी तरफ जरूरत से ज्यादा अहंकार और बड़बोलापन जो एक ही सिक्के के दो पहलू हैं। दूसरा है, मालिक। कोई भी हिन्दी चैनल ऐसा नहीं है जिसको कि मालिक ही प्रस्तुत कर रहे हों या उसमें ऐडिटोरियल हस्तक्षेप हिन्दी में कर रहे हैं, ज्यादातर मालिकों की भाषा में प्रिंट मीडिया की ही एक तरह से नया संस्करण है कि मालिकों की भाषा अंग्रेजी है और काम करनेवाले लोगों की भाषा हिन्दी है। लिहाजा जो मालिक की दुनिया है वो हिन्दी के चैटराटी, लैटराटी और उसी तरह इत्यादि, इनके इर्द-गिर्द घूमती है तो अगर उनके प्रभावशाली मित्र ने आकर के कह दिया कि भाई अमुक की हिन्दी मुझे बहुत क्लिष्ट लगती है तो वे तुरन्त आकर तोते की तरह से उस व्यक्ति से कहेंगे कि तुम्हारी हिन्दी बहुत शुद्ध है। माने इसको थोड़ा अशुद्ध करो तो ये दूसरी गाँठ है कि आपको कोई भी मालिक किसी भी अंग्रेजी के प्रस्तुतकर्ता से ये नहीं कहेगा कि तुम्हारी अंग्रेजी बहुत कठिन है, इतनी अंग्रेजी हिन्दुस्तान में नहीं चलेगी, तुम अपनी अंग्रेजी में हिन्दी मिलाओ, लेकिन इसका उलट सर्वथा सम्भव है और शत-प्रतिशत होता है तो दूसरी गाँठ ये है। तीसरी गाँठ है हमारे समालोचक लोग, टी.वी. के जितने भी समालोचक हैं, सुधीशजी का अपवाद अगर छोड़ दें वो अंग्रेजी में ही लिखते हैं और जैसा कि मैंने कहा कि हिन्दीवाले अंग्रेजी से जो कुढ़न है

समाजशास्त्रीय, जैविक आदि कारणों से उसका उलट भी सम्भव है कि अंग्रेजी को भी हिन्दी से कुढ़न है और वो यही कुढ़न है कि बाजी हाथ से निकल रही है, कुछ मायनों में, जो माचोवादी पुरुषों को, औरतों से, सफल औरतों से कुढ़न है, उसी का वो दूसरा संस्करण है और इसलिए अगर आलोचक या आलोचिका की हिन्दी खराब है या हिन्दी में जो कार्यक्रम हो रहा है तो असमिया मे क्यों नहीं हो रहा, मैथिली में क्यों नहीं हो रहा, झारखंडी में क्यों नहीं हो रहा की बात होगी तो बात वहीं से बिगड़ जाती है और जो हिन्दी के प्रति वैसे ही एक गाँठ पाले हुए हैं उनको कहने का मौका मिल जाता है कि हिन्दी को राजनीतिक कारणों से जरूरत से ज्यादा बढ़ाया जा रहा है। जैसे अंग्रेजी में कहते हैं कि स्विंग मिल जाता है बात को और गेंद गलत दिशा में भाग जाती है। तीसरी गाँठ ये है और चौथी गाँठ जो मैंने कहा कि हिन्दी दर्शक की प्रोफाइल है क्योंकि हिन्दी यही पट्‌टी और हिन्दी जाननेवाले इतने बड़े फलक पर फैले हैं और उनकी सामाजिक, भाषायी, लिंगगत, जातिगत, वर्गगत इतनी सारी तरह-तरह के लेयर्स हैं कि इस प्रकार का कार्यक्रम, एक वर्ग में बेतरह लोकप्रिय हो रहा है, तो दूसरा वर्ग उसको लेकर आँखों को चढ़ाएगा और फिर नितान्त विशुद्ध कहा जाए तो मालिकाना दृष्टि से दर्शकों से पूछने को निकलते हैं।

तो इस पर निर्भर करेगा कि हम किस इलाके में अपना सैम्पल ले रहे हैं और उसमें फिर ये दिक्कत पैदा हो जाती है कि कोई हमारे जेहन में हिन्दी के दर्शक श्रोता की शक्ल, क्लीयर नहीं बनती है, जरूरत है कि बड़े पैमाने पर वैज्ञानिक तौर से हिन्दी के अगल-अलग हिस्सों में अलग-अलग तरह के हिन्दी के श्रोता, दर्शकों की जिसे कहा जाए कि उनकी जो छवि है उनकी इच्छाएँ-अनिच्छाएँ, उसका आकलन किया जाए और उसका मिलान करके एक तर्कसंगत तस्वीर बनाई जाए क्योंकि अभी तक हमारे यहाँ बहुत ही फुर्सती भाव से समीक्षा बहुत ही फुर्सती भाव से निन्दा और उससे भी ज्यादा फुर्सती भाव से तारीफ होती है।

अजय की टिप्पणी काफी कुछ तो कहा गया मुझे अभी जो लग रहा है वो अभी भी दो बातें हैं, हमारे यहाँ हिन्दी में खास करके जो लोग आ रहे हैं आगे वो अभी भी वो लोग हैं जो कविता और कहानी पहले लिखते हैं और उसके जरिए पत्रकारिता में आते हैं तो उनका जो पूरा

भाषायी असर है वह उस साहित्यिक हिन्दी पर है जिसमें वो कविता और कहानी लिखते हैं। अभी भी अंग्रेजी में ऐसे लोग आ रहे हैं जो पेशे से पत्रकार बनना चाहते हैं और वो अपनी भाषा को उस हिसाब से तैयार करके आते हैं। हिन्दी में पहला वर्ग वो है जो कविता और कहानी लिखता है और उसके बाद सोचता है पत्रकारिता के जरिए कविता लिखता रहेगा दूसरा वर्ग वो आ रहा है जो पढ़ा-लिखा अंग्रेजी में है जिसके हिन्दी के कोई संस्कार नहीं है चूँकि इसमें ग्लैमर है। रातों रात आगे बढ़ाता है तो वो आ जाता है और उसके बाद हिन्दी नहीं आती हिन्दी में वो नहीं चल पाता तो वो अपनी अंग्रेजी के शब्दों को उस पर थोपने की कोशिश करता है तो दोनों जगह गैप बहुत ज्यादा है, चूँकि नीचे से जो छोटे शहरों से जो लोग निकलकर आ रहे हैं वो उनको एक लम्बा समय लगता है उनको, यहाँ पर अपने आप को स्टेब्लिश करने में और अब जिस तरह की टेक्नोलॉजी आ गई है, जिस तरह की चीजें आ गई हैं। उनमें उस तरह की मतलब कि बहुत आक्रान्त करती है उनको ये चीजें तो जब तक हिन्दी के पत्रकार के प्रति पेशेवर नजरिया लोगों का पैदा नहीं होगा, पूरे समाज का पैदा नहीं होगा कि पत्रकार बन करके प्रतिष्ठा और इज्जत मिलेगी और वो नीचे तक नहीं जाएगा, तब तक कुछ नहीं होगा, नीचे से जो लोग आ रहे हैं साहित्यकार बनने की कोशिश करते हैं कविता और कहानियाँ लिखते हैं और उनके जरिए पत्रकारिता में आते हैं, उनका खबर हिन्दी के सम्प्रेषण से वो सरोकार नहीं होता जो होना चाहिए।

साहित्यिक हिन्दी हावी है

जैसा कि मैंने पहले भी कहा था कि हिन्दी का जो सवाल है ये बाजार से काफी जुड़ा हुआ है और बाजार इसको बहुत डिक्टेट करता है तो टी.वी. है, माना जाता है इसकी हिन्दी, इसकी भाषा, बोलचाल की भाषा होनी चाहिए। अभी जिन लोगों ने बोला उनके आधार पर मैं बोल रहा हूँ बोलचाल की भाषा होनी चाहिए। अब क्योंकि जो जैसा मृणालजी ने कहा कि जो लोग चैनलों के मालिक हैं, प्रबन्धक हैं उनकी बोलचाल की भाषा में इतनी अंग्रेजी है कि वही बोलचाल की भाषा उनको हिन्दी समझाती है, जो भाषा है, वही भाषा उनको हिन्दी समझ में आती है दूसरी मिथक है कि अप मार्केट होना चाहिए, अजय चौधरीजी ने कहा था कि अप मार्केट होना चाहिए। तो दो-चार शब्द अंग्रेजी के उसमें डाल दीजिए अप

नकवी की टिप्पणी

मार्केट हो जाएगी। ये दोनों तर्क वाहियात हैं। 'कौन बनेगा करोड़पति' में आप अमिताभ बच्चन को शायद ही आप, अंग्रेजी बोलते सुनें, वो डाउन मार्केट प्रोग्राम है किधर से, जरा बताइए, या स्टार प्लस पर जो सीरियल चल रहे हैं, 'कहानी घर-घर की' हो 'क्योंकि सास भी कभी बहू थी' जितने लोकप्रिय सीरियल हैं 'हिना' इस सबमें की उनके जो पात्र हैं क्या अंग्रेजीनुमा हिन्दी बोलते हैं वो हिन्दी ही बोलते हैं अंग्रेजी कोई नहीं बोलता और वो हिन्दी आसानी से समझ में आ जाती है। पूरे देश में हिन्दी सिनेमा देखा जाता है उसे हिन्दी सिनेमा की जो हिन्दी है उसमें कितनी अंग्रेजी मिक्स है तो ये एक हमारे यहाँ एक इस तरह की चीज आ गई है कि अंग्रेजीनुमा हिन्दी रखिए चेनल तो अप मार्केट होगा। उसका उदाहरण है जी न्यूज पर। मैं पिछले दिनों में एक खबर देख रहा था, मैट्रो न्यूज चलाते हैं वो उनकी एंकर है। अंग्रेजी लड़की होगी कोई शायद वो 'हूकम्प' बोल रही थी भूकम्प नहीं बोल सकती और आदमी उसको एंकर बनाकर रखा है इसके पीछे क्या मानसिकता है, मानसिकता ये है कि नहीं वे अंग्रेजीनुमा लुक होना चाहिए, तब तो वो अप मार्केट बनेगा, हिन्दीनुमा लुक रहेगी डाउन मार्केट बनेगी ये एक चीज है। दूसरी चीज है ये कि भर्ती के समय के हमारे यहाँ जो रिक्रूटमेंट का प्रोसेस है बहुत कम मामलों में ये सावधानी बरती जाती है कि हम जिनको चुन रहे हैं उनको, हिन्दी आती है कि नहीं आती, आँख बन्द करके चुन लेते हैं, बाद में वो आदमी आया, तो पता लगता है कि उसको हिन्दी नहीं आती। अंग्रेजी में ऐसा क्यों नहीं होता कि जो पत्रकार अंग्रेजी का है उसको अंग्रेजी नहीं आती हो।

हिन्दी में भी इतने इंस्टीट्यूट हैं इतने लोग पढ़ रहे हैं बहुत जगह अच्छी हिन्दी जाननेवाले काम कर रहे हैं, बहुत से अखबार है, जहाँ हिन्दी अच्छी जाननेवाले लोग काम कर रहे हैं लेकिन जब-जब उन अखबारों के विज्ञापन के सप्लीमेंट निकलते हैं चाहे हैलो दिल्ली या चाहे इस तरह तो उसको रेस्पोंस विभाग निकालता है, अंग्रेजीनुमा हिन्दी में डालता है तो फिर वही बात आ गई कि अंग्रेजीनुमा कहिए वो अप मार्केट होगा। तो वो मानसिकता, तो हम भर्ती के समय अगर देखेंगे, अजयजी ने संस्कार की बात कही थी कि उसमें भाषा के संस्कार हैं कि नहीं, तो आप हिन्दी के आदमी को ले सकते हैं।

तीसरी चीज मैं ये कहूँगा कि क्षेत्रीय भाषाएँ उस तरह से भ्रष्ट

नहीं हुई हैं, मराठी भ्रष्ट नहीं हुई मराठी भी उसी वातावरण में रह रही है जहाँ उसमें भी अंग्रेजी का उतना ही वर्चस्व है जो भ्रष्ट नहीं हुई तो तमिल, तेलुगू भी भ्रष्ट नहीं हुए, हिन्दी ही भ्रष्ट क्यों हुई, ये सवाल, इस मुद्दे पर सोचना चाहिए कि और चौथी चीज ये है कि यह भी बात उठी कि भाषा एक जगह रुकती नहीं, जी, जो भाषा रुक जाएगी वो मर जाएगी, भाषाओं को लेना ही है दूसरी भाषाओं से शब्द, लेकिन ऐसा तो नहीं कोई दुनिया की कोई ऐसी भाषा नहीं होगी कि वो अपने आपको दूसरी भाषा में पूरी तरह से विलीन कर दे आप शब्द लीजिएगा आप तमाम भाषाओं से शब्द लेंगे लेकिन हिन्दी को अंग्रेजी बना दें तो फिर हिन्दी रह कहाँ जाएगी। हिन्दी का अस्तित्व कहाँ जाएगी हिन्दी का अस्तित्व कहाँ है तो ये चार बिन्दु हमारे हैं।

सुधीश पचौरी

हमारे बीच जफर अब्बास भाई मौजूद हैं, जो बी.बी.सी. के इस्लामाबाद संवाददाता हैं, मैं चाहूँगा कि हमारे बीच में आएँ और कम-से-कम तीन-चार मिनट तो हमें अपने अनुभवों से नवाजें ही–

ज़फ़र अब्बास

तीन चार मिनट पता नहीं मैं बोल पाऊँगा या नहीं लेकिन एक सवाल जरूर मेरे जेहन में आया, जब बातचीत सुनी आप दोस्तों की कि जो चीज इधर डिस्कस न हो सकी वो ये कि जो भाषा इलेक्ट्रॉनिक मीडिया इस्तेमाल करता है बात पहुँचाने के लिए, या किसी खासतौर से न्यूज मीडिया का काम है भाषा को प्रमोट करना क्योंकि मेरा मसला ये है कि मैं वहाँ बैठा हुआ हूँ, जो हिन्दी बेल्ट में नहीं आता। मैं सुनना भी चाहता हूँ, मेरी समझ में नहीं आता, पहले जब अंग्रेजी और हिन्दी मिक्स खबरें आती थीं तो कानों को बुरा लगता था, अब शुद्ध हिन्दी में खबरें आती हैं तो समझ में नहीं आतीं तो इस मसले पर मेरे ख्याल से थोड़ी सी बातचीत होनी चाहिए और समझ में आने की जरूरत है क्योंकि मैं सुनना चाहता हूँ और मेरे समझ में नहीं आती, जब रजतजी की बात सुन रहा था तो मेरे समझ में आ रही थी, दो-चार और दोस्तों की बात सुन रहा था तो मेरे समझ में नहीं आ रही थी। तो ये एक है मसला है और यकीन जानिए कि खासे लोगों का मसला है, जो हिन्दी बेल्ट से बाहर हैं तो ये टेरिटोरियल हिन्दी सैटेलाइट टी.वी. की तरफ आई है बात और दूसरे इलाकों में

टेरिटोरियल हिन्दी उपग्रह युग में

फुटप्रिंट गया है तो ये मसला बढ़ा है और इस पर बात होनी चाहिए।

सुधीश पचौरी हम आपसे चाहते थे कि पाकिस्तान में जो आपके अनुभव हैं, खासकर जो इसी जबान की भी जो मिक्सिंग है, वो कैसी है, जरा इसका परिचय भी हमें मिले तो हमारी समझ थोड़ी बेहतर बनेगी।

ज़फ़र की टिप्पणी बिल्कुल, कुछ इसी किस्म के मसले हैं कुछ कम सतह उसकी वजह यह है कि अभी पाकिस्तान में टेलीविजन उतना बड़ा नहीं हुआ है। सेटेलाईट टी.वी. अभी उभर रहा है। इस तरह से सामने नहीं आया है। धीरे-धीरे बढ़ रहा है, दो-चार ही चैनल अभी, उधर मसला वही हुआ है जो पहले उधर उर्दू जबान में क्लासिकल उर्दू जबान में ड्रामे भी लिखे जाते थे, बातचीत भी होती थी, डिस्कशन भी होते थे। अब जब सेटेलाईट टी.वी. आया है और जो लोगों को यह एहसास हुआ है कि इसका फुटप्रिंट बढ़कर भारत में आ गया है। दूसरो इलाकों में भी जा रहा है। तो उनकी समझ में नहीं आ रहा, कि जबान क्या हो जिसमें लोगों को वो पैगाम पहुँचा सके और वहाँ वो मसला हो रहा है जो कई साल पहले जी.टी.वी. या दूसरे टी.वी. में कि जो अंग्रेजी और उर्दू को मिक्स करके प्रोग्राम कर रहे हैं, जो पुराने सुननेवाले कानों को बहुत बुरा लगता है लेकिन उनका ये आरग्यूमेंट है कि दूसरे जो देश हैं वहाँ सुनी जा रही है, समझी भी जा रही है चाहे वो मिडिल ईस्ट हो, चाहे वो हिन्दुस्तान हो या चाहे वो बाँग्लादेश हो, तो ये मसला है, मेरे ख्याल से शुरुआत का स्टेज है उधर, और ये बहस जारी है जो स्टेज है और उधर 8 साल पहले या 7 साल पहले यहाँ भारत में था।

रजत की टिप्पणी मैं इनकी बात पर कमेंट करना चाहता हूँ। इन्होंने बहुत ठीक बात कही है कि जो अखबार है, न्यूज पेपर है, जो डेकेन हैराल्ड है, उसका दायरा बंगलौर तक सीमित है, हिन्दू है उसका दायरा सीमित है, मलयालम मनोरमा है उसका दायरा केरल में सीमित है। टी.वी. के साथ सबसे बड़ी समस्या ये है कि इसका दायरा बहुत बढ़ा हुआ है सिर्फ दिल्ली नहीं होगा, वही चैनल टी.वी. में देखा जाएगा वही चैनल केरल में देखा जाएगा, फिर पाकिस्तान में, दुबई में देखा जाएगा। इसलिए भाषा ऐसी होनी चाहिए जो सबको समझ आ जाए दूसरी बात जो नकवीजी साहब ने कही थी बात

उन्होंने सही कही थी। उदाहरण—उन्होंने गलत दिया था। उन्होंने कहा कि के.बी.सी. में कहाँ अंग्रेजी है, पहली बात तो के.बी.सी अंग्रेजी प्रोग्राम का वर्जन है दूसरी कम्प्यूटरजी लॉक कर दिया जाए से लेकर आखिर में जो कहते हैं अपना ख्याल रखिए, प्लीज टेक केयर युअर सेल्फ का हिन्दी अनुवाद है, उसमें जो लिखा हुआ आता है, रिटेन वर्डस वो सब अंग्रेजी में आता है तो वो इसलिए लोगों को समझने में आसान रहता है कि टी.एन. (तमिलनाडु) में जो देख रहा है। उसको, समझ सकता है और अमिताभ बच्चन के पर्सनेलिटी का तो बहुत असर है ही तो आदमी थोड़ी कोशिश भी करता है वो हिन्दी बोलते हैं बहुत, अच्छी, साफ, शुद्ध बोलते हैं और लोग कोशिश भी करते हैं सीखने की लेकिन ज्यादातर जो प्रोग्राम हैं जो उसका बेसिक कंटेंट है वो ऐसी भाषा में है और चूँकि लिखे हुए शब्द अंग्रेजी में हैं तो वह समझने में बहुत आसानी हो जाती है तो कहीं न कहीं थोड़े-बहुत समझौते हमको कर लेने पड़ेंगे और ऐसी भाषा जैसा आप कह रहे हैं कि पाकिस्तान में रहनेवाला भी समझ जाए जो दुबई में रहनेवाला समझ जाए केरल में रहनेवाला भी समझ जाए। ये कोशिश हमको करनी पड़ेगी।

मणिकांत का सवाल

जब ये हमें सम्बोधित कर रहे थे तो इन्होंने ये कहा कि प्रशिक्षण को, ट्रेनिंग जो हुई जो हिन्दी पत्रकारिता में जो लोग आए हैं तो वो आकाशवाणी, दूरदर्शन का जिक्र उन्होंने किया और कहा कि वहाँ के कुछ लोग आए तो वो हमारे अनुकूल नहीं। जो अब बदलता स्वरूप है कि हिन्दी का, समाचार माध्यमों में उसके अनुकूल नहीं है लेकिन मैं यहाँ उनसे जानना चाहूँगा, एक महीन फर्क शायद कर सकते हैं क्योंकि वो इस पर ज्यादा कार्य कर रहे हैं मुझे लग रहा है कि जो आसान या सहज हिन्दी होती है और आसान या सहज उर्दू होती है बहुत करीब है, बहुत आस-पास है, बहुत नजदीक है। एक-दूसरे से काफी निकट है तो इसका क्या ऐसा स्वरूप कोई बन सकता है जो ऐसी हिन्दी भारत के या ज्यादा-से-जयादा क्षेत्रों तक वो जाए और उसको विकसित किया जाए इसकी कितनी सम्भावनाएँ हैं और कैसे हैं ?

नकवी की टिप्पणी

पहले तो मैं एक बात मैं यह कह दूँ कि दूरदर्शन और रेडियो से आनेवाले लोगों की जो बात ट्रेनिंग की बात थी वो रजतजी ने शायद कही थी कि रेडियो से ज्यादा लोग आए हैं हिन्दी में मैंने

ये कहा था कि हमारे सामने भाषा का मॉडल पहले दूरदर्शन का था और उसकी भाषा बड़ी किताबी, संस्कृतनिष्ठ और जिसको कहते हैं बहुत शुद्ध हिन्दी थी तो मेरा कोई आग्रह शुद्ध हिन्दी का नहीं है, मेरा कोई आग्रह शास्त्रीय हिन्दी का नहीं है, मेरा आग्रह सिर्फ बोलचाल की हिन्दी का है और वो ऐसी हिन्दी हो जिसको बोलकर सब लोग समझ सकें, जिसमें मैं रात्रि को रात बोलना पसन्द करूँगा, मैं प्रातःकाल के बजाय सबेरा बोलना पसन्द करूँगा, तथा के बजाय और बोलना पसन्द करूँगा, किन्तु परन्तु की बजाय लेकिन का इस्तेमाल करना पसन्द करूँगा तो एक ऐसी भाषा है जो जिसके मूल में ये है कि नहीं हिन्दी और उर्दू में वो सामान्य शब्द वो ऐसे शब्द जो बहुत दूर-दूर तक समझे जाते हैं और जिनको समझने में लोगों को बिल्कुल परेशानी नहीं होती। मेरी हिन्दी ऐसी होनी चाहिए जो गुजरात में भी समझी जाए, जो महाराष्ट्र में भी समझी जाए और तमिलनाडु में भी समझी जाए जो पूरे कम-से-कम भारत में समझी जाए और भारत के बाहर जहाँ हमारे फुटप्रिंट बढ़ रहे हों चाहे वो दुबई हो चाहे पाकिस्तान हो सब जगह लोगों को वो भाषा अनजानी भाषा नहीं लगे। अजनबी भाषा न लगे, उनको आसपास की भाषा लगे। ऐसा हो नहीं सकता है कि तमिलवाला आदमी जैसी हिन्दी बोलता है मैं वैसी हिन्दी में उसके लिए प्रोग्राम दूँ या गुजराती आदमी जैसी हिन्दी बोलता है उसके लिए वैसी हिन्दी लेकिन मैंने कहा कि मेरे लिए कम-से-कम हिन्दी सिनेमा को बहुत उदाहरण के तौर पर पेश करता हूँ कि हिन्दी सिनेमा देखते समय लोगों को ये लगता नहीं है कि यदि हम हिन्दी का सिनेमा देख रहे हैं या गुजराती वो सिर्फ सिनेमा देखते हैं और जो कहानी जानते हैं उसको समझ में आते हैं, वो भाषा का सवाल उनके दिमाग में उठता नहीं है। हम भी भाषा को वहीं रखना चाहते हैं जहाँ उसको सुनते समय आपके सामने भाषा का सवाल आपके सामने न उठे कि आप कौन सी भाषा देख रहे हैं अंग्रेजी मिश्रित भाषा देख रहे हैं या उर्दू मिश्रित हिन्दी देख रहे हैं नहीं। आप एक ऐसी भाषा देख रहे हैं सुन रहे हैं जो बिल्कुल आपकी आस-पास की भाषा हो जिसमें आप हमेशा अपना पूरे दिन का कारोबार चलाते हैं वो भाषा हम देना चाहते हैं। और वो निश्चित तौर पर हिन्दुस्तानी है इसके सिवाय कोई दूसरी भाषा हो नहीं सकती।

युवा पत्रकार नलिन मेरा नाम है और मैं संवाद समिति से हूँ और मैं तीन साल से पत्रकारिता में हूँ। और मैंने यहाँ एक वक्ता को नहीं सुना बाकी को मैंने सुना है और अच्छी बातें हुईं और कुछ व्यावहारिक बातें जो तीन साल की पत्रकारिता के दौरान मुझे दिक्कतें आईं उन पर चर्चा नहीं हुई। जैसा कि इन तीन सालों के दौरान ही मेरा सौभाग्य था कि इसी दरम्यान नई अर्थव्यवस्था का उदय हुआ। उससे जुड़ी शब्दावली हिन्दी में है ही नहीं जैसे ई-कॉमर्स से जुड़ी शब्दावली है। बी.टू.बी., बी.टू.सी., बियर टू बियर इसका हिन्दी में डिक्शनरी नहीं मिलती है हम लोगों के पास जैनेरली फादर बुल्केवाली डिक्शनरी होती है या और एकाध और होती है, उनमें भी नहीं मिलती है। जैसे कन्वर्जेंस की हिन्दी नहीं मिलती है। एक स्टाइलबुक चाहिए एक नया शब्दकोश चाहिए उसके बाद इसी दरम्यान में बायो-टेक्नोलॉजी में और आई.टी. में बहुत ज्यादा काम हुआ, बहुत ज्यादा शब्दावली आ रही है, संसद में भी इन तीनों विषयों पर या कहीं भी विदेशी कॉपीज आती है। इन तीनों विषयों पर बहुत ज्यादा शब्द होते हैं तो इस पर क्यों नहीं कोई काम हो रहा और एक बात और है कि स्टाइलबुक की समस्या है हिन्दी में कोई-कोई कम्पलीट स्टाइलबुक अभी तक नहीं है। जैसे ईकोनॉमिक्स की स्टाइलबुक मैंने देखी हैं जो न्यूज एजेंसियाँ हैं उनकी स्टाइलबुक देखी है तो फिर हिन्दी में क्यों नहीं हैं ? इतने हम हिन्दी की बेहतरी की बात कर रहे हैं।

नलिन का सवाल

स्टाइल बुक चाहिए

धन्यवाद

मैं सुधीशजी का कुलिग भी हूँ और बी.बी.सी. हिन्दी सेवा से भी जुड़ा हूँ चूँकि समय कम है इसलिए मैं चाहूँगा कि सुधीशजी या कमलेश्वरजी इसमें जब बोलें तो विचारधारा के सवाल पर थोड़ा सा अगर उस पर प्रकाश डाल सकें, तो देखिए हिन्दी का इतिहास राष्ट्रवाद का भी इतिहास रहा है, हिन्दी में प्रगतिशील लेखन भी बहुत ज्यादा रहा है। कहीं कुछ नब्बे के दशक में जो भूमंडलीकरण हुआ या पोस्ट मॉडर्निज्म, उत्तर आधुनिकता जिसे कहते हैं, उस दौर में जो बाजार का फैलाव है जो टेक्नोलॉजी का फैलाव है, ऐसा लगता है कि हिन्दी ने उसके समक्ष घुटने टेक दिए और हम रास्ता तलाश रहे हैं। नए शब्दावली वगैरह-वगैरह बहुत संक्षेप में मैं यह जानना चाहूँगा कि उत्तर-आधुनिकता के दौर में ये वैचारिक ऊर्जा या विधारधारा की ऊर्जा, उसको बिना पैदा किए

संजय शर्मा का सवाल

हुए, हम हिन्दी के भविष्य को कैसे सँवारेंगे।

सुधीश पचौरी संजयजी, ये बखेड़ा कुछ ज्यादा ही खड़ा कर दिया। मैं समझता हूँ इस मामले को कभी और के लिए रख लिया जाए तो बेहतर होगा। मैं जो बातचीत हुई है कुछ बहुत बुनियादी मुद्‌दे संजयजी यहाँ सामने आए हुए हैं। उनको पहले रेखांकित कर लें, मौका होगा तो दो एक बातें कह लेंगे नहीं तो फिर कभी।

एक तो बात ये-नजर आ रही है कि हिन्दी के फुटप्रिंट्स की बात बार-बार आई कि माने आप दिल्ली में देख रहे हैं देखिए रात को 9 बजे यू.ए.ई. में ये जो बार-बार आता है यू.ए.ई. का जाता है ये यू.ए.ई. 'नेशनल' से बाहर है यानी अब भाषा राष्ट्रीय क्रिया नहीं है। भाषा नेशनल 'राष्ट्रीय' अवधारणा नहीं है राष्ट्रीय क्रिया नहीं है। भाषा हिन्दी या शायद कोई भी भाषा जो भी एक चैनल पर भाषा है चाहे वो मराठी, तमिल, तेलुगु, कन्नड़, मलयालम हो मैं 'कोडीश्वरम्' देख रहा था तमिल का करोड़पति मैं उनका नाम नहीं जानता, मैं तमिल पढ़ नहीं सकता लेकिन वो अंग्रेजी बीच-बीच में डाल देता था तो उतना समझ में आता था। कोडीश्वरम् वो इस तरह से बोलते थे वो और वो लगभग अमिताभ की शैली में ही वो सारे सवाल-जवाब कर रहे थे। उनका करोड़पति है वो तमिल का है। मराठी में भी बंगला में भी, बंगला में भी काफी शुद्धता बची हुई है लेकिन वहाँ भी कई बार अंग्रेजी आ जाती है, कई बार हिन्दी आ जाती है तो ये तो सेटेलाईट टी.वी. से खासकर ये तो टेक्नोलॉजी है इससे कोई भी भाषा अपने भौगोलिक अर्थों में राष्ट्रीय हो लेकिन उसकी अवधारणा अन्तर्राष्ट्रीय ग्लोबल भाषा की है। तो फुटप्रिंट्स अगर हैं, फुटप्रिंट्स आगे बाहर जा रहे हैं तो यू.ए.ई. में बैठा है या कहीं और बैठा हुआ है तो वो किस भाषा में सम्बोधित किया जाना चाहिए। वो भी हमारी एक ऑडियेंस है। तो ये बात आई थी।

बहुत इम्पोर्टेंट बात कही थी परविन्दर भाई ने कि जो कांटेंट है उसको कौन बना रहा है। उन्होंने इंटरनेट का हवाला देते हुए, वेब की दुनिया का हवाला देते हुए बताया था और बहुत इंपोर्टेंट बात है ये कि इस तरफ भाषा का समूचा स्वरूप प्रावधान और प्रक्रिया ग्लोबल तेजी से हो रही है और उसके भौतिक कारण हैं, उसके ऐतिहासिक कारण हैं वो किसी षड्‌यन्त्र के तहत नहीं हो रही है और ये बहुत पहले से हो रही है। मुझे परवेज भाई का

चेहरा देखकर याद आया कि बी.बी.सी. बहुत पहले से कर रही है इसे। बहुत पहले से कर रही है, बहुत पहले से बी.बी.सी. हिन्दी को बदलती रही है और एक ऐसी हिन्दी जो समझ में आए आज भी बी.बी.सी के पास एकदम बेहद सक्षम हिन्दी है, वहाँ शायद ये समस्या ही नहीं आई कि वह हिन्दी-उर्दू दोनों मिलाकर कैसे चला जाए ? जैसा कि मणिकान्तजी कह रहे थे हिन्दी-उर्दू मिलाकर चला जाता है तो ये तो एक ग्लोबल भाषा है, अन्य भाषाएँ वैसी ही हैं यानी हमें ग्लोबल एरिया में, साइबर एरिया में भाषा चाहिए।

इसका जो कांटेंट है उसका कौन निर्धारण कर रहा है परविन्दर भाई ने एक बहुत छोटी सी बात कही उन्होंने एक्सप्लेन नहीं किया कि किस कांटेंट को जो दर्शक है जो हिट करता है बेब-साईट पर जो सुन रहा है वो निर्धारित कर रहा है।

तीसरी बात जो बहुत महत्त्वपूर्ण है जो भाई नकवी ने कही थी कि बाजार के आने से हिन्दी बदली है उससे पहले अनुवाद की भाषा थी, अब भी अनुवाद की भाषा है लेकिन कहीं-कहीं हिन्दी की रीढ़ थोड़ी तन गई है, कहीं-कहीं उसमें जान पड़ी है, कहीं-कहीं वो इंडिपेंडेंट हो गई है और एक तरह से उन्होंने उसे लिबरेटिंग फेक्टर के रूप में भी अंडरलाईन किया। यद्यपि उसमें कांटेंट के बन्धन भी हैं, परेशानियाँ भी हैं, उसकी समस्याएँ भी हैं, उन्होंने महत्त्वपूर्ण बात कही थी कि खबर एक संवाद है, बातचीत है और इससे मुझे याद आता है कि हिन्दी हम कई संवाद की भाषा, कई हिन्दियों में रहते हैं, हम एक हिन्दी में नहीं रहते मानो जो अजयजी ने अभी बात कही, कि हर माध्यम की हिन्दी अलग होगी उसका कोई एक स्टाइलबुक नहीं हो सकता, उसका कोई एक शब्दकोश नहीं हो सकता, वो लगातार बदलेगा फॉर्म के हिसाब से, मीडिया के नेचर के हिसाब से बदल जाएगा। ओडियंस उसके कांटेंट को निर्धारित करेगी साथ में ये जो कई हिन्दियाँ हैं अगर हम पुरानी श्रेणीबद्धता को देखें तो हमें मालूम पड़ता है कि हम एक हिन्दी को एकमात्र हिन्दी मानते हैं जैसे कि खड़ी बोली में। कम-से-कम 43 बोलियों को हमने उसके पेट में डाल दिया कहा कि ये हिन्दी है और उसके पेट में 43 बोलियाँ पड़ी हुई हैं। इन 43 बोलियों की कुल जनसंख्या 10 करोड़ है पिछले सर्वे के अनुसार लेकिन हमने बोलियाँ डाली अवधी, ब्रजी तमाम डाल दीं इसमें। अलावा इसके अगर हम कहें हिन्दुस्तानी तो भी एक भाषा की श्रेणी से हम उसको डिफाइन कर रहे हैं कि हिन्दी एक नाम

से पुकार लें अभी भी जबरन एक नाम से पुकारेंगे हिन्दी को, एक नेशनल स्ट्रेट के भीतर हिन्दी को बनाने की कोशिश कर रहे हैं। एक राष्ट्र है। राष्ट्र में एक भाषा है। एक भाषा हिन्दी/हिन्दुस्तानी, हिंगरेजी कुछ कहिए एक हो जाए तो हमारा कार्य आसान हो जाए। ये आसान नहीं हो पा रहा है और ये व्यथा बहुत महत्त्वपूर्ण है जो मृणालजी ने कही थी कि हिन्दी का जो कार्यकर्ता है उसका चिड़चिड़ापन है और बहुत महत्त्वपूर्ण बात थी। हिन्दी जिस प्रक्रिया से गुजर रही है उसमें जो हिन्दी में हीनता ग्रन्थि की बात जो रजत भाई ने कही कि एक इंफीरियर्टी काम्प्लेक्स है, एक बना हुआ है कि हम घटिया हैं इसमें एक बहुत बड़ा संघर्ष छिपा हुआ है शायद जिससे तमाम तरह के संघर्ष जो क्लास के, कास्ट के, जेंडर के, इमपावरमेंट के, तमाम तरह के संघर्ष भी इसी हिन्दी या कहना चाहिए इन हिन्दियों में हो रहे हैं। कई तरह की हिन्दी, अनेक प्रकार की हिन्दियाँ हमारे पास हैं और इसलिए हैं अनेक प्रकार की क्योंकि एक भाषा अनेक उपयोगों में आ रही है और हिन्दी शायद हिन्दुस्तान में सबसे ज्यादा बोली जानेवाली है, सबसे ज्यादा लोग हिन्दुस्तान में अगर किसी भाषा को बोल रहे हैं आजकल दिन-रात बोल रहे हैं, जो कहता है संवाद की भाषा वही है यानी जिसमें हम लगातार बातचीत में है वो हिन्दी और हिन्दी का स्ट्रेक्चर अभी है भले ही उसमें कुछ शब्द अंग्रेजी के आ जाए। तीनमूर्ति में एक प्रयोगशाला हुई थी जिसमें उन्होंने कहा कि हिन्दी में अंग्रेजी क्या बन रही है जरा बोलिए। हमने पाँच या छः अखबार इकट्ठे किए एक दिन के, एक अखबार में 10 पेज है तो करीब हम कह सकते हैं कि 70 हजार से एक लाख शब्द उनमें हैं। उन एक लाख शब्दों में जब मैंने नवभारत टाइम्स एक दिन खोजा तो उसमें 190 शब्द करीब अंग्रेजी के थे। हमने दैनिक हिन्दुस्तान उसी दिन का लिया उसमें भी करीब 150-160 शब्द अंग्रेजी में थे, पंजाब केसरी में और भी 200 के करीब जो हिट कर रहा था, हाइएस्ट, फिर हमने जनसत्ता को लिया जो मेरा सबसे अच्छा पेपर है उसमें बहुत कम ये 50-60 होंगे वो भी खेल के पृष्ठों पर ज्यादा थे, जिन्हें हम अंग्रेजी के शब्द नहीं कहेंगे। तो देखा गया है जो फ्रंट पेज है उसमें न्यूज के भीतर अंग्रेजी के शब्द बहुत ज्यादा आने लगे हैं लेकिन फिर भी कम हैं, विज्ञापन के पृष्ठों पर अंग्रेजी के शब्द प्रचुर मात्रा में आने लगे हैं उसमें रोमन में, अंग्रेजी में पूरा का पूरा पेज अंग्रेजी के विज्ञापन का आ चुका है। या नागरी में अंग्रेजी के शब्दों को

साईट जैसे वीडियो कैमरा है वी.सी.डी. कहकर चलाया गया आप उसका कुछ नहीं कर सकते। अब ये तमाम अंग्रेजी की वो पदावली है जो हिन्दी में एकदम आ रही है जैसे ही हम एडीटोरियल पेज पे गए वैसे-वैसे वो शुद्ध होती गई यानी कि विचार अभी भी हिन्दी में राष्ट्र का विचार बनाना है, बाजार का विचार बनाना है तो मिक्स करके बनाना है ये हम रेडियो पर देख सकते हैं, टी.वी. पर भी देख सकते हैं, विज्ञापन की भाषा में जितनी मिक्सिंग है उतनी मिक्सिग है उतनी मिक्सिंग न्यूज की भाषा में नहीं है यद्यपि सीरियलों में वह चरित्र और पात्रों के हिसाब से है। आस्था जैसे चैनलों में अंग्रेजी के शब्द आ जाते हैं जो नितान्त हिन्दू धार्मिक चैनल है अब कौन कहता है कि वो धार्मिक चैनल है, तो ये अनेक हिन्दियाँ गड़बड़ हैं हम उसमें जो ये नया माध्यम नई चुनौतियाँ हैं हमारी चुनौती यह है कि एक या एक भाषा बना दें हम उसे या वो ये है कि जो अनेक संस्करण हैं हिन्दी के उन संस्करणों को जैसे वे हैं उनमें भीतर ही उनके स्टैंडर्डाइजेशन की बात करें, उनकी स्तरीकरण की बात करें तो स्तरीकरण समस्या की बात भी बार-बार आई कि बिना स्तरीकरण के बिना स्टैंडर्डाइजेशन के संचार में संवाद में कहीं-न-कहीं समस्या पैदा हो सकती है क्योंकि हमारे डर ऐसे ही तो नहीं क्योंकि इसमें स्टैंडर्डाइजेशन नहीं है कहीं हमारी भाषा तो नहीं चली जाएगी। तो हम भाषा के सवाल को, पहचान के सवाल से, संस्कृति के सवाल से तो नहीं जोड़कर देख रहे ? क्या हम ऐसा नहीं सोच सकते कि हम कुछ आगे बढ़ें। चिर रुदन का भाव है ये चिर रुदन का भाव कितना लॉजिकल है कि हम रोते रहें। ये भी बात आई या कि ये कुछ हुआ है और कुछ बेहतर हुआ है जैसे कि परविन्दर ने कहा कि कांटेंट को दर्शक तय कर रहा है उन्होंने कहा कि आज के भारत में 94 फीसदी लोग ये चाहते हैं कि इंटरनेट की भाषा या टी.वी. की भाषा गैर-अंग्रेजी हो। गैर-अंग्रेजी का मतलब सिर्फ हिन्दी नहीं लेकिन अगर हम अति हिन्दीवाले हुए तो अक्सर कहेंगे कि जो अंग्रेजी छोड़े वह हमारा है। अब उनमें अन्य भाषाओं से मेरा कहना ये है कि जो अन्तर्भाषायी सम्बन्ध हैं वो एक अगली समस्या है जो यहाँ सामने आ रही है। एक जो बात है, बहुत महत्त्वपूर्ण है इसको कहकर मैं समाप्त करूँगा कि मृणालजी ने बहुत सुन्दर बात कही कनरस और बतरस की, अजय भाई ने बात कही थी कि जो हिन्दी वाला है वो कस्बे से अलग जहाँ वह बन

रहा है और जो कार्यकर्त्ता है चैनलों का तमाम अखबारों का भी वो साहित्य से आ रहा है यह बिल्कुल सही बात है पता नहीं उन्होंने ये बात कहाँ से जान ली मैं सच्ची बता रहा हूँ कि हिन्दी पत्रकारिता के जितने कोर्स जहाँ-जहाँ खुले वे या तो हिन्दी साहित्य के विभागों में खुले यानी जो हिन्दी का प्रोफेसर है वही पत्रकारिता का हैड भी है। जहाँ-जहाँ हिन्दी पत्रकार या पत्रकारिता पढ़ाई जा रही है वो लिटरेचर के थ्रू पढ़ाई जा रही है यानी पत्रकारिता अपने आप में कोई विषय नहीं है वहाँ, साहित्य ही पढ़ाया जा रहा है। प्रेमचन्द की कहानी ही वहाँ पढ़ाई जा रही है वह पीछा नहीं छोड़ती जबकि पत्रकारिता इसमें कहीं आगे स्वतन्त्र कार्य है। अब भी कृष्ण बिहारी मिश्र का पत्रकारिता का इतिहास आप्त वाक्य है, अभी भी पत्रकारों की इमेज़ है। तो ये है कि भैया, ये तो समाज को बदलने के लिए निकला है, ये तो फकीर है, शहीद हो जाएगा, ये तो नायक है। अभी भी पत्रकारिता के कोर्सेज में किसी अखबार की एक दिन की इकॉनमी का वर्णन नहीं मिलता, अब भी हिन्दी पत्रकार की अगर सबसे बड़ी बाधा है जो हिन्दी डिबेट्स में है वो बाजार है। अखबार बेचना भी है लेकिन बाजार से बचना भी है। अजीब 'हठयोग' है।

अरे भाई बेचना है खरीदना है तो बचना क्या है ? मृणालजी ने बड़ा अच्छा उदाहरण दिया था कि माडर्निटी के कांसेप्ट का हम भारतीय स्त्री हैं तो कितनी मॉडर्न हैं जो रैकेट बल्ली लेकर निकल गई तो मॉडर्न हो गई लेकिन घूँघट में लज्जावन्त, मर्यादाओं में रहनेवाले ये जो मर्यादा उनका रूपक बहुत इम्पोर्टेंट था जो स्थिति हमारे यहाँ स्त्री की है, हिन्दी की भी वही स्थिति है और जिस तरह से स्ट्रगल स्त्रीत्व को लेकर है, इमपावरमेंट को लेकर है, हिन्दी को लेकर भी है, वो बदल रही है तेजी से लेकिन उसे अपने लोग नहीं बदलने देना चाहते, क्योंकि अपना धन्धा चलता है। अगर आपने प्रेमचन्द हटा दिया तो मेरी नौकरी गई। कौन पढ़ेगा और मैं क्या पढ़ाऊँगा।

नकवी ने एक बड़ी महत्त्वपूर्ण बात कह दी कि बाजार ने हिन्दी का विस्तार किया नए रूप में उसको सामने लाने की कोशिश की अब इसे लेकर ये हमारे अनेक लोग ऐसे हैं कि कहते हैं कि यार ये तो बड़ा गड़बड़ हो रहा है। हिन्दी तो सन्तों की भाषा है जैसे देवभाषा थी संस्कृत, ऐसे ही हिन्दी सन्तों-महन्तों की भाषा है, ये कहाँ जा रही है, यह साहित्य की ग्रन्थि है कि साहित्य पढ़ाना

है। हिन्दी बोलचाल की भाषा है लेकिन कहाँ हैं रस ? मृणालजी का वाक्य था वो बहुत सुन्दर था कनरस और बतरस। कभी-कभी पी.टी.वी. हम देखते हैं अभी भी वो मजा है कि बातचीत हो रही है घंटों बातचीत हो गई मजा है। हिन्दी में चर्चा होती है और साहब एक जगह परिहास वृति नहीं होती ये भी मृणालजी ने कहा। हँसने नहीं देता हिन्दीवाला। लगा रहता है कि मैंने हँस दिया तो काका हाथरसी हो गया, मैं अशोक चक्रधर हो गया, मैं बिल्कुल देहाती, भुच्च, गँवार हो गया।

जबकि हिन्दी में जो जानता है वो अपना सारा दुःख हँसी के साथ कहता है कितना भी कष्ट हो। हँसने का मौका अगर भाषा में नहीं है तो वह भाषा मरी हुई भाषा है और इसीलिए तमाम चैनलों की भाषा मृत हिन्दी है, अरे बातचीत हो रही है, 15 मिनट की बातचीत हो गई। साहब आप ये बतलाएँ कि आपने ये जो कहा है इसका मतलब क्या है तो गम्भीर होकर एंकर बैठा हुआ है, गम्भीर होकर के सामनेवाला और भी गम्भीर हो गया तो उसे ये मालूम है कि हमें करोड़ों लोग देख रहे हैं और मैं बाहर निकलूँगा तो लोग कहेंगे कि जी मैंने आपको देखा, वो इस बीमारी का मारा हुआ है। अकेले रजत भाई हैं, अनेक लोग तो इन्हें देखकर हँसने लगते हैं और फिर जो सामने आता है उसको देखकर ये हँसने लगते हैं और अजीब किस्म की इनकी ये विशेषताएँ हैं। ये बहुत इम्पोर्टेंट पत्रकार हैं, इनकी विशेषता ये है कि ये हँसी पैदा कर देते हैं और हिट हो जाता है। जो हँसी पैदा कर सके वही उसमें सही अर्थ पैदा कर रहा है। हिन्दी में हास्य की कमी है। कम-से-कम संवाद में तो यही हो रहा है। कनरस और बतरस ये दो चीजें हैं महत्त्वपूर्ण जो भी संचार की भाषा है खासकर जो टी.वी. की भाषा है उसमें कनरस नहीं साहब को बतरस नहीं। अरे अंग्रेजी लाओ तो हिन्दी ले आओ तो, गुजराती, मराठी, तमिल, तेलुगु कुछ भी ले आओ अरे मजा आना चाहिए। वो मजा नहीं है बातचीत में मज़ा आ गया कि जुमला जुमला मुहावरा बन जाए, वो चीज नहीं है मुहावरा नहीं और जाहिर है उसका कारण सिर्फ एक इनडिविजुवल नहीं। ये बातें डिबेट में आईं मैंने उनकी तरफ इशारा किया। आखिरी बात और कहूँगा—इंटरनेट पे नेट जाल पर मुझे लिखना होता है तो मेरे सम्पादक ने कहा, भैया लिखें, आप ऐसा कीजिए एक हजार शब्द लिख दीजिए, मैंने कहा तीन सौ काफी हैं। दूसरी बात ये कि मैं कविता के फॉर्मेट में छापूँ पूरा वाक्य नहीं

चलेगा डल मैटर इकट्ठा ठोस चारों तरफ से भरा हुआ नहीं होगा, तोड़ दो। तीसरा कितना इजाजत देते हैं मुझे ठोकने की ओर ठुकने की। माने जरा बोला बातचीत की और जिसमें दूसरों को मारा और खुद को भी मारा ये भाषा चाहिए। टी.वी. शराफत का माध्यम है इंटरनेट के मुकाबले। इंटरनेट तो निहायत आवारे लोगों का, बदतमीज लोगों का भी माध्यम है। तब तक कोई ध्यान नहीं देता है। और हिन्दी में सन्तों-शरीफों की भाषा है लोग रहते हैं कि अरे भैया क्या लड़का बिगड़ गया है। ये बिगड़े हुए लोगों की भाषा होनी चाहिए तो इस नजर से मेरा ये कहना है कि जो बातचीत हुई, उसमें बाजार की बात आई जिसने चेंज किया गया, टेक्नोलॉजी की बात आई जिसका स्वागत किया गया। अंग्रेजी की बात आई तो किसी ने ये नहीं कहा कि शुद्ध हिन्दी होनी चाहिए साहब, मृणालजी ने बार-बार कहा इस बात की मिक्सिंग होनी चाहिए। और दीक्षा की बात भी आई जो बहुत महत्त्वपूर्ण है, काम की बात भी आई जो अभी आपने कही कि ऐसी किताबें ऐसी चीजें ये तमाम चुनौतियाँ हैं जो नए माध्यमों ने पैदा की है और ये जो सेमिनार है ये शायद उनमें से कुछ को रेखांकित कर चुका है और शायद कुछ को हम लोग भी अलग-अलग ढंग से रेखांकित करेंगे।

अध्यक्ष कमलेश्वर का सम्बोधन

धन्यवाद, भाई पचौरीजी, सबसे पहले तो बी.बी.सी. को इस बात के लिए बधाई और मुबारक कि साठवीं सालगिरह पर ये सेमिनार इस रूप में यहाँ आयोजित हुआ, अचलाजी को खासतौर से और तमाम अपने बी.बी.सी. की और दूसरे मित्रों से। एक ही बातचीत कि ये बातचीत जिसे समझ में नहीं आई जो भी बोला चाहे सुधीश पचौरी ने एक दो शब्द दूसरी तरह से इस्तेमाल किए, भाई परविन्दर ने उनको दूसरी तरह से रखा, रजत भाई ने अजय भाई ने या अचलाजी ने भी या नकवी साहब ने, मृणाल पांडेय ने मतलब तो मुझे लगा जब हमारे इस्लामाबाद के दोस्त रहे थे तो मेरी तो पूरी समझ में आ रहा था कि वो क्या कह रहे हैं कहीं इस तरह की दिक्कत नहीं है। परवेज साहब ने एक बात जरूर कही थी जिसकी तरफ मैं इशारा करना चाहूँगा वो ये कि जब हम हिन्दी पढ़के निकले थे सन् 50 के आस-पास 50, 51, 52 तो पचास वर्ष हो गए। मैं आपसे सच कहना चाहूँगा कि वो पढ़ी हुई हिन्दी आज हमारे काम नहीं आ रही, जो हिन्दी हमने पढ़ी थी

पुरानी हिन्दी काम नहीं आ रही

जैसी-जैसी मीडिया या जैसे पत्रकारिता के क्षेत्र में हम लोगों ने पहुँचना शुरू किया या साहित्य क्षेत्र से अजयजी ने बात बड़ी अच्छी कही कि कविताएँ लिखते हुए आते हैं, कहानियाँ लिखते हुए आते हैं तो मैं खुद मन में ये सोच रहा था कि जिसकी तरफ पचौरी ने इशारा भी कर दिया कि ये अजय को मेरी सच्चाई कहाँ से पता चल गई उसकी वजह ये है कि उस समय हिन्दी में इस तरह के कोई अवसर नहीं मिलते थे। जिस दौर से हम निकल के आए हैं। मैं आपसे सच बताता हूँ कि हुआ ये कि वैसे मतलब मैं साईंस का विद्यार्थी था लेकिन ये कि एम.ए. में मुझे इसलिए जाना पड़ा कि एम. साईंस में मेथमेटिक में मुझे दाखिला मिलने में इसलिए परेशानी हुई कि मैं एक़ महीना लेट आया था तो जगह नहीं रह गई थी तो ये कहा कि हिन्दी पढ़ लेते हैं, आसान है, एक वर्ष हिन्दी पढ़ लेते हैं।

इसमें केवल फोरमेट ही केवल अपने आपमें नहीं है, वो फोरमेट ठीक है बहुत लोगों को पसन्द है लेकिन उसमें भाषा का जो तालमेल है वो अपने आप में एक कामयाबी की परीक्षा बना है कि उसमें अमिताभ बच्चन कहते हैं कि कम्प्यूटरजी। मतलब ये जो संवाद है, ताला लगा दिया जाए लेकिन अभी जो हमारी स्थिति है उसमें और आगे आनेवाले पाँच साल में जैसा कि नकवी साहब ने कहा कि भाषा के साथ जैसा हो रहा है। दिक्कत भाषा की इतनी नहीं है जितनी चीजों को समझने की है। अभी भी हिन्दी में अनुवाद का बहुत बड़ा जोर है। हम लोग सारे लोग पत्रकारिता के जिस दौर से जब आए तो अंग्रेजी से अनुवाद का जो प्रचलन है वो अभी भी अपनी जगह कायम रहा और बना हुआ है। अब कुछ ऐसे शब्द हैं जिनका अच्छा-खासा हिन्दी का इस्तेमाल हो सकता है लेकिन अंग्रेजी के एक शब्द को वो कभी-कभी कठिन शब्द भी इस्तेमाल होते हैं और फिर अगर कठिन लगते हैं तो उसकी जगह क्या किया जा सकता है।

तो फिर अंग्रेजी शब्दों का इस्तेमाल शुरू हो जाता है। और ये भाषा की स्थिति जो चल रही है, खासकर पत्रकारिता में और मैं इलेक्ट्रॉनिक मीडिया से जुड़ा हुआ हूँ आज तक और लगातार नए लोग हमारे साथ आते-जाते हैं। सबसे ज्यादा परेशानी की स्थिति यही है कि भाषा के साथ उनके कोई संस्कार नहीं हैं, तो मृणालजी ने कहा कि भाषा अपने साथ उसका रस लिया जाए उसका आनन्द लिया जाए, वो एक बहुत बड़ी कमी वहाँ खटकती

है और उसमें बहुत सारे लोग इस पर बात करेंगे, बहुत बात हो भी चुकी है ताकि हमारे यहाँ इलेक्ट्रॉनिक मीडिया में खासतौर पर जो लोग आ रहे हैं। अभी भी बहुत छोटे शहरों से नीचे से बहुत लोग पहुँच नहीं पा रहे हैं। ऊपर तक तो जितने लोग आ रहे हैं वो शहरी हैं, और शहर में जो क्लास की बात होगी, जैसा जयप्रकाशजी, ड्राइंग रूम में बैठेंगे तो अंग्रेजी में ही बात करेंगे तो वो पढ़ाई-लिखाई अभी सारी अंग्रेजी में ही हो रही है।

मेरा बच्चा भी पब्लिक स्कूल में ही पढ़ता है, और अंग्रेजी माध्यम के ही पब्लिक स्कूल में पढ़ता है और हिन्दी उसको सबसे मुश्किल भाषा लगती है। जब उसका हिन्दी का एक्जाम होता है तो ज्यादा परेशान रहता है, और जब अगले दिन अंग्रेजी का एक्जाम रहता है तो वह कहता है कि मुझे दो घंटे कम्प्यूटर खेल लेने दो कोई दिक्कत नहीं कल अंग्रेजी का पेपर है। तो चूँकि वो उसमें पढ़ रहा है उसमें लिख रहा है तो, हिन्दी में जो लोग आगे अभी आ भी रहे हैं जो अब पहुँच जाते हैं दिल्ली तक पहुँच जाते हैं टी.वी. कम्पनियों के दफ्तरों तक इंटरव्यू के लेबल तक, जो ज्यादातर लोग जो हैं वो अंग्रेजीदां हैं और जो हिन्दी की कामयाबी है पॉपुलरिटी है हिन्दी की चैनलों की उससे लाजमी बात है कि लोग हिन्दी बोलना चाहते हैं हिन्दी से जुड़ना चाहते हैं, लेकिन उनके संस्कार अंग्रेजी के हैं, उन्होंने सब कुछ पढ़ा-लिखा अंग्रेजी में है वो अंग्रेजी में बात करते हैं, अंग्रेजी में सोचते हैं उसके लिए मैं किसी एक व्यक्ति का नाम नहीं लूँगा ये बात हमारे साथ काम कर रहे लोगों में हैं ये बात उन लोगों में नहीं है जो आज से 20 साल पहले 25 साल पहले इंग्लैंड और अमेरिका में पढ़कर आए थे और जिन लोगों ने सब कुछ अपना अंग्रेजी में ही किया था जो कि एक मजबूरी हो गई थी कि हिन्दी में एक चैनल निकालें प्रोग्राम निकालें क्योंकि वो लाजिमी बात है कि उनके लिए हिन्दी सेवा से ज्यादा व्यवसाय पहले है और परम्परा कोई आज नहीं पड़ी है शुरू से चल रही है। और जो आँकड़े में देख रहा था जिनकी बात मृणालजी ने कही थी वो आँकड़े असली किसी को डराने के लिए नहीं थे वो सिर्फ इस बात की, मैं अपनी बात कह रहा था उसके कुछ आँकड़े प्रस्तुत करूँगा, कि टी.आर.पी. रेटिंग या जी बिजनेस हाउसिज हैं जिनका ये कम्पलसंस है कि वो अंग्रेजी शब्द,

अजय चौधरी मैं 'आजतक' सुन चुका हूँ मैं 'आजतक' के बारे में बता सकता

हूँ क्या हमारे दूरदर्शन पे थे तो दूरदर्शन पर एक बना बनाया दर्शक वर्ग मिलता था, क्योंकि दूरदर्शन आज भी सबसे ज्यादा देखा जानेवाला चैनल है क्योंकि उसके लिए किसी केबल ऑपरेटर का जरिया नहीं है, आपके घर में एक एंटिना लगा हुआ है वो गाँव-गाँव, देश-देश पहुँचा हुआ है। लेकिन वो जब आधे घंटे का प्रोग्राम 29 घंटे के चैनल में तब्दील हुआ और उसके लिए एक केबल ऑपरेटर का सहारा बना तो दूसरी तरह का एक दबाव सम्पादकीय विभाग पर आया और वो दबाव था भाषा का कि अब आपको अप मार्केट बनने के लिए क्या कीजिएगा। प्रोग्राम कंटेंट जो भी है खबरें तो वहीं हैं, और हिन्दी की खबरें हैं तो एक और जुमला कहा जाता है कि हिन्दीवाले रोना-धोना ज्यादा दिखाते हैं इनके पास कुछ होता ही नहीं, वही बिहार चले जाएँगे, वही वहाँ एक नरसंहार हो जाएगा, पाँच-सात मर जाएँगे उसी को ले आते हैं, अंग्रेजीवाले जो हैं वो देखिए रात को फैमिली होती है और दिल्ली में रितु बेरी का बारह बजे स्टार पर आ जाता है। हिन्दीवालों के पास वी नहीं आएगा तो अप मार्केट के बावजूद मार्केट में थोड़ा-थोड़ा अंग्रेजी के शब्द डाल दो और उसके लिए फिर टी.आर.पी. का सहारा लिया जाता है। अब उसमें भी उन्होंने विज्ञापन एजेंसीज के अपने वर्ग बने हुए हैं, कटेगरी ए, कटेगरी बी, कटेगरी सी, कटेगरी डी अब एक पर्टिकुलर चैनल जिसका मार्केट शेयर 15 फीसदी है लेकिन कटेगरी ए और बी में उसकी व्यूअरशिप अगर 70 से 80 फीसदी है तो विज्ञापन एजेंसी अपनी जो भी कम्पनी जाँच करती है तो उस चैनल को जरूर पकड़ेगी क्योंकि कटेगरी ए, और बी में खरीदने की ताकत है और वो उनका टारगेट ऑडियेंस है अब जी चैनल 40 फीसदी देखा जाता है लेकिन उसकी कटेगरी ए और बी में हिस्सेदारी 50 फीसदी है 40 फीसदी है तो उसकी सेकेंड प्रायोरिटी या थर्ड प्रायोरिटी में चला जाएगा। और ये सारी बात इसलिए जरूरी है कि हमने देखा है कि हिन्दी की पत्रिकाएँ किस तरीके से बन्द हुईं। हिन्दी के अखबारों की, दिल्ली से निकलनेवाले अखबारों को खासतौर से मैं कहूँगा, क्या गति बनी, क्योंकि अगर आप बिक रहे हैं, बहुत अच्छी तरह से बिक रहे हैं, लेकिन आप उस वर्ग में बिक रहे हैं जिसके पास खरीदने की ताकत नहीं है तो आपको विज्ञापन नहीं मिला। विज्ञापन नहीं मिला तो कोई भी हिन्दी सेवी को मतलब जिन्होंने दो ज्ञानपीठ पुरस्कार निकाले, कमलेश्वरजी इस सब चीजों

अप-मार्केट

के बारे में बहुत अच्छी तरह जानते हैं उनके अपने अनुभव हैं लेकिन उन्होंने भी कहा कि सब ताला लगा दो, एक के बाद एक-एक के बाद एक सारे-के-सारे बन्द कर दो। वो जरूरत इस बात की है कि इन दोनों चीजों के बीच आप किस तरह बैलेंस करोगे। और वहाँ भाषा का जो इस्तेमाल है, नकवी साहब ने कहा कि अखबारों के लिए भाषा का चयन करना बहुत आसान है क्योंकि आप 100 किलोमीटर के दायरे में बिकते हैं या 20 कि.मी. के दायरे में बिकते हो, आपने वहाँ की डाइलेक्ट उठा लिए वहाँ के बोलचाल के शब्द निकाल लिए और शुरू कर दिया। लेकिन जब आप कश्मीर से कन्याकुमारी तक देखे जानेवाले हो, आप भाषा कैसे चुनोगे और ये एक बड़ी चुनौती मुझे अगले पाँच साल में भी नजर आ रही है। क्योंकि हम तरह-तरह के मुहावरे गढ़ने के बावजूद हम ऐसी कोई भी भाषा नहीं गढ़ पाते जो सबके समझ में आए या जिसके लिए सब कोई कहे कि हाँ ये ठीक है। हम पहले जब प्रोग्राम निकालते थे तो कोई अगर तमिलनाडु से खबर आती थी तो उसको डब कर दिया करते थे कि उसके आवाज के ऊपर एक उसके अनुवाद में एक दूसरी आवाज लगा दिया करते थे। ये इंटरनेशनल प्रैक्टिस है, ये सारे टेलीविजन चैनल, सारे लोग करते हैं, लेकिन हमारे पास ढेरों ऐसी शिकायतें आईं कि साहब आपके चैनल के हम प्रोग्राम देखते थे वो हमारी भाषा में एक आदमी बात करता था वो हमारी समझ में आ जाता था आपने उसके ऊपर हिन्दी लगा दी और आप उनकी तो कम-से-कम उसका अनुवाद दे दीजिए, ऑडियो डब मत कीजिए। तो ये इस तरह की तमाम बहस है। अब आप दूसरी चैनल देखिए, चाहे बी.बी.सी. देखिए सी.एन.एन. देखिए वहाँ भी होता ये है कि ऑडियो डब कर देते हैं उसके ऊपर अपनी एक आवाज लगा देते हैं। क्योंकि आपकी मजबूरी होती है, आपके पास समय कम होता है आपको लगता है कि आदमियों का डब करके चला दें, कभी कुछ और। तो इस तरह की चैलेंजेज अभी टेलीविजन के सामने हैं क्योंकि उसकी रीच है उसकी जो पहुँच है वो बढ़ी है। और ये देश जहाँ हर 35 किलोमीटर एक डाइलेक्ट बदल जाती है, हर 50-100 किलोमीटर पर एक भाषा में काफी कुछ बदल जाता है, एक स्थायी भाषा बन पाए यह बहुत मुश्किल होगा। जहाँ तक सवाल हिन्दी का है तो हिन्दी में हम लोगों की कुछ ऐसी स्थिति है कि जब हम बात करते हैं तो कुछ और बोलते हैं और जब

लिखने बैठते हैं तो कुछ दूसरा लिखते हैं और जो इनफॉर्मल और फॉर्मल की बात हुई उनमें काफी कुछ है। अभी भी आप बहुत सारे दफ्तरों में जाइए वहाँ वह फर्स्ट फ्लोर के नीचे अनुवाद होगा प्रथम तल, पहली मंजिल नहीं लिखा होगा, सेकेंड फ्लोर, द्वितीय तल, तृतीय तल, अब ये भाषा टेलीविजन की भाषा नहीं हो सकती। ये प्रिंट की भाषा हो सकती है। प्रिंट में आज अच्छी हिन्दी संस्कृतनिष्ठ हिन्दी लिख लीजिए लेकिन जब आप बोलते हो तो रेडियो में दूरदर्शन में और आकाशवाणी ने भाषा की तरफ हिन्दी भाषा के रूप में टेलीविजन की एक भाषा विकसित की जाए ऐसा काम बहुत नहीं हुआ, कमलेश्वरजी से बीच में बोलने के लिए मैं माफी चाहता हूँ।

कमलेश्वर

ये नहीं कहते कि हिन्दी में कर रहा हूँ लिटरेचर अब उन्होंने पूछ लिया कि भाई हिन्दी में या अंग्रेजी में तो बताना पड़ता था कि भाई हिन्दी में कर रहा हूँ तो कुछ इस तरह देखते थे कि आगे चलकर ये क्या करेगा भेड़-बकरियाँ चराएगा इसके अलावा तो इसका भविष्य हिन्दी में तो नहीं है। ये बिल्कुल एक सही स्थिति आपको बताता हूँ कि जो हीनताग्रन्थि जिसकी तरफ रजत भाई ने हमारा इशारा किया आपने भी किया वह हीनताग्रन्थि हिन्दी को लेकर थी और उसके पीछे मात्र भाषा या अंग्रेजी का वर्चस्व नहीं था बल्कि कहीं-न-कहीं ये लग रहा था कि जिस तरह समाज में परिवर्तन व समाज में जो मौके आ रहे थे अब अपारच्यूनिटी आ रही थी, अवसर आ रहे थे उन तक शायद हिन्दीवालों का या उर्दूवालों का तो और वहाँ तक पहुँचना शायद और भी मुश्किल लग रहा था यानी उर्दू और पिछड़ती जा रही थी तो ऐसे में हो क्या रहा था कि कहीं-न-कहीं भाषा की जो हमने अलग-अलग यानी खाने जो बनाए हुए थे उन खानों में चलते हुए हमें ये लगा कि जबान हमारी कहीं हमसे छूटती चली जा रही है। ऐसे में फिर मतलब जो इस देश की आजादी की लड़ाई की जो भाषा थी जिसकी तरफ ज्ञानेन्द्र ने कहा था कि सचमुच वो हिन्दुस्तानी थी और वो हिन्दुस्तानी जबान को ही हिन्दी कह लेते हैं इसमें कोई दिक्कत नहीं होनी चाहिए, परेशानी नहीं होनी चाहिए लेकिन एक चीज जरूर है कि आपकी भाषा जैसे मृणालजी ने बताया था कि महिलाओं के साथ जिस तरह की बातें सुनाई पड़ती हैं और खासतौर से वो निन्यानवे प्रतिशत औरतें और महिलाएँ अपनी

हिन्दुस्तानी

सच्चाई को रखना चाहती है तो उन्हें अपनी भाषाओं की भी जरूरत पड़ती है। परविन्दर ने भी बात कही कि बाजार या कांटेंट है जो वो हिन्दी को तय करता है, एक तरफ इशारा करके अपनी बात को समाप्त करूँगा और वो ये है कि कहीं-न-कहीं भाषा या जबान को तय करते समय कि हम चाहे वो दूरदर्शन पर बोल रहे हों मैं तब कमेंट्री भी करता रहा हूँ अखबारों में भी रहा हूँ मैंने ये देखा कि निश्चित रूप से कुछ शब्द ऐसे आ गए हैं कि जिन्हें बोलने में आसानी होती है। आप बाजार कहिए न कहिए मैं बाजार का न कहूँ मैं ये कहना चाहूँगा कि जैसे आज शब्द आ गया डिस्इन्वेस्टमेंट तो प्राइवेटाइजेशन डिस्टंवेस्टमेंट हो रहा है। जिस तरह से ह्यूमन रिसॉर्स मिनिस्ट्री हो गई उससे पहले ये ह्यूमन वेलफैयर मिनिस्ट्री हुआ करती थी, तो मतलब शब्द है जो अलग छूटते चले जाते हैं उसी तरह से हिन्दी में है। जिस-जिस तरह से हिन्दी को पहला जो सबसे बड़ा सहारा मिला वो उन क्षेत्रीय अखबारों से मिला जो अपने-अपने इलाकों से निकलते थे ये छपने के लिए थे गलत छपते थे उनकी मात्राएँ गलत छपती थीं और उच्चारण तो बोलने में होता है उन अखबारों में से जो हिन्दी छन के आई उस हिन्दी में फिर मतलब बड़े क्षेत्रों के उन क्षेत्रीय जगहों में हिन्दी पहुँची और वहाँ से जो हिन्दी बनकर आई वो हिन्दी निश्चित रूप से हिन्दी थी जिसको लगातार हमारे विश्वविद्यालय और हमारे महाविद्यालय और वहाँ के प्रध्यापक इसको लगातार बिगाड़ते चले गए। उन्होंने हिन्दी का जितना नुकसान किया है उतना किसी ने नहीं किया। हिन्दी का उससे ज्यादा नुकसान हिन्दीवालों ने किया है। जब तक हिन्दी हमारी रोजी-रोटी से नहीं जुड़ेगी तो उस हिन्दी से हम कैसे सीखेंगे। मैं आपको ये खबर देना चाहता हूँ या आपको पता ही होगा कि जिन लोगों ने हिन्दी से रोजी-रोटी कमाई उन्होंने ही हिन्दी को चौपट किया लेकिन जिन लोगों ने हिन्दी का इस्तेमाल कहीं तक पहुँचने के लिए, संवाद के लिए, संवाद के साथ-साथ उसमें कही अपनी सांस्कृतिक धरोहर के लिए किया। सांस्कृतिक शब्द बड़ा भारी लगता है, बहुत भारी लगता है लेकिन सही बात ये है कि कहीं-न-कहीं हमारे जो सांस्कृतिक व लोकतान्त्रिक मूल्य पैदा हुए उनमें से किन शब्दों को किन खतरों के लिए किन कीमतों के लिए किन मूल्यों के लिए आप अपने लोगों से बात करना चाहते हैं। यही धरोहर को बताते हैं कहीं-न-कहीं भाषा वहाँ से तय होकर आती है। आप

हिन्दी रोजी-रोटी से जुड़े

अगर गीता का प्रवचन दे रहे हैं इस भाषा में बात आप नहीं कर सकते या कहीं मतलब इस तरह का धार्मिक प्रवचन हो रहा है तो आप धाराप्रवाह जो हिन्दी आती है तो हिन्दी आपकी समझ में भी नहीं आती ऐसे में मतलब ये कहना कि हिन्दी ने ही जिस तरह का विकास किया उसमें एक तरफ आप सिनेमा का योगदान मानना पड़ेगा दूसरी तरफ आपको टी.वी. का योगदान स्वीकार करना पड़ेगा। तीसरी तरफ डेफिनेटली ये जितने पोर्टल आ रहे हैं, इनकी हिन्दी भी निश्चित रूप से हिन्दी का ही विकास है। उसके साथ-साथ हमारे अखबारों ने जो हिन्दी का विकास किया प्रादेशिक अखबारों ने बल्कि हिन्दी पैदा करके उन लोगों तक हिन्दी पहुँचाया जो लोगों में शुद्ध हिन्दी छोड़ दीजिए वो लोग जो लोग हिन्दी को जानना चाहते थे उसके माध्यम से पढ़ना चाहते थे। आज जब हमारे पास कोई बंगलौर से हिन्दी में रिर्पोटिंग कर रहा है तो वो यह कह रहा है कारोसपोंडेंट एवं संवाददाता। आप देखिए कि जो हिन्दी बोलते हैं वो कितनी खूबसूरत हिन्दी होती है कि वो थोड़ी-थोड़ी गलत होती है, इसलिए खूबसूरत है इसलिए इसकी वजह ये है कि आप भाषा को एक जगह रोक लें वो भाषा आगे चल पाएगी ? यह हिन्दीभाषियों का सवाल नहीं। हिन्दी जब तक सबकी नहीं बनेगी तब तक वह पूरी नहीं होगी। थोड़ी-थोड़ी गलत हिन्दी की खूबसूरती एक बार ऐसा जिक्र आया था हमारे लेखकों में। वहाँ कृश्नचन्दर भी थे अब्बास साहब भी थे जो अंसारी साहब भी थे बम्बई में तो उन्होंने कहा कि भाई देखिए ये जबान जो है ये तो कवि बनाता, लेखक बनाता है तो मैंने उनसे सिर्फ एक बात पूछी थी कि आप मुझे ये बता दीजिए दस वर्ष के अन्दर इस दस वर्ष का समय दिया था कि रोजी-रोटी, आँसू, चौका, चूल्हा, हल, मेड़, गेहूँ, पसीना, दुख-सुख ये किस लेखक ने बनाए हैं, दस वर्ष में ये तलाश लाइए और बता दीजिए किस लेखक ने बनाए हैं। लेखक केवल शब्दों को तराश में इसमें नए अर्थ, नए मीनिंग भरता है उसी तरह जब हमारे सामने जब रजत शर्मा कोई आइटम पेश करते हैं मतलब या जैसे अभी नकवी भाई बोल रहे थे या मृणालजी जब बोलती हैं या सुधीश पचौरीजी तो कही-न-कहीं उन शब्दों में हमें छाया दिखाई देती है और वो छाया जो आदमी के मन में साथ जुड़ी होती है वो छाया ही शब्द को मनुष्य तक पहुँचाती है या दर्शक तक पहुँचाती है, अगर वो छायाहीन हो जाएगी तो वो शब्द केवल बोले जाने के लिए होंगे,

वो केवल ध्वनियाँ होंगी, वो शब्द आदमी तक या जनता तक नहीं पहुँच पाएँगे। ऐसे में निश्चित रूप से एक चीज रेखांकित मैं आपसे कर दूँ वो यही कि आखिर हम किन खतरों के लिए जी रहे हैं, सवाल ये है कि किस तक हम भाषा पहुँचाना चाह रहे हैं और क्यों पहुँचाना चाह रहे हैं ? यहाँ खतरे हर कहीं हैं। जब बुलेटिन लिखा जाता है तो तय होने लगती है, वहाँ पर तो अब अगर आप यदि दशहरे का विवरण दें तो वो भी आते हैं। अभी महाकुम्भ पड़ा बुलाया गया तीसरे दिन कि साहब गड़बड़ हो गया, क्या हुआ कि कुम्भ का जब शुभारम्भ हुआ यहाँ इलाहाबाद में तो मतलब तो बोला गया वो किसी को समझ में नहीं आया, किसी को समझ में नहीं आया कारण ये था कि लिखित संस्कृत के श्लोक ले के आए हुए थे और उनका उपयोग वहाँ यहाँ किया जा रहा था, उस तमाम अपार जनता से उसका कोई लेना-देना नहीं था, उसके बाद ये कहा गया कि अब आपको जो कि महाकुम्भ की मुख्य देन है इतना आपको बताना ही है कि उसकी वजह ये है कि और मैं माफी चाहूँगा हालाँकि मैं हिन्दी पढ़ के आया हूँ तो मुझे हिन्दी आती नहीं मगर हिन्दी आती होती तो शायद मैं भी इलाहाबादी हिन्दी उठा के ले आता या बनारसी हिन्दी उठा के ले आता और उस हिन्दी का इस्तेमाल मैं करता रहता तो हिन्दी न आना भी मतलब कि हिन्दी के लिए जरूरी है क्योंकि मैं सच आपसे कह रहा हूँ कि और इससे हिन्दी का आसमान ज्यादा खुलता और ये टीका-टिप्पणी करना कि इनके तलफ़्फ़ुज़ ये हैं हालाँकि बड़ा बुरा भी लगता है कभी-कभी जैसा कि आपने वो क्या अजीज और किस उस पे वो बताया नुक्तों पे निकल जाते हैं। तो उससे भी बड़ी दुर्घटनाएँ हो जाती हैं नुक्तों के निकल जाने से लेकिन सवाल इस बात का है कि नुक्ते निकल जाना ये कल्चर की क्राइसिस है, नुक्ते लिपि में से निकल जाना कल्चर की क्राइसिस नहीं है। नुक्ते आपके जबान में से निकल जाना, आपके जेहन में से निकल जाना हालाँकि भाषा की एक जो एक पहचान होती है वो पहचान आप में दिल में नहीं है, आपके जेहन में नहीं है आपकी जुबान में नहीं है तो भाषा आपको कहीं-न-कहीं छोड़ती है। तो उन नुक्तों को अपनी जरूरत नहीं है लिखने में लेकिन उन नुक्तों का उस जबान का उस ध्वनि का साथ होना जरूरी है। ऐसे में मुझे लगता है कि यहाँ बहुत अच्छी आज चर्चा हुई और मैं इस बात के लिए बी.बी.सी. हिन्दी सर्विस

को जिसके साठ वर्ष पूरे हुए हैं, इस सालगिरह पर मुबारकबाद देता हूँ और इस तरह बात खत्म करता हूँ कि इस देश की सरकारें और इस देश का व्यापार बाजार नहीं है। इस देश का व्यापार, इस देश की सरकारें और इस देश में जितनी बेईमानियाँ हैं वो सब अंग्रेजी के माध्यम से की जा सकती हैं लेकिन इस देश को हिन्दी के बगैर नहीं चलाया जा सकता, इन शब्दों के साथ मैं आपसे विदा लेता हूँ।

अचला का धन्यवाद ज्ञापन

आप सबने इतना कहा और आप सबने इतना सुना उसके बाद मेरे कहने-सुनने की कोई गुंजाइश नहीं रह जाती सिवाय इसके कि कमलेश्वरजी आपका और आप सबका बहुत-बहुत धन्यवाद। आमतौर पर ये कहा जाता है कि संगीत की कोई भाषा नहीं होती, मैं यह कहना चाहती हूँ कि भोजन की खुशबू की कोई भाषा नहीं होती इसलिए इसी तरह चलें खाने के लिए।

परिशिष्ट

परिशिष्ट-1

बीबीसी हिन्दी सेवा : अब तक का सफ़र

□ राजेश प्रियदर्शी

बिहार के गाँवों से लेकर खाड़ी क्षेत्रों के बन्दरगाहों तक दुनिया के हर कोने में बीबीसी हिन्दी सेवा के श्रोता हैं। ताजा आँकड़ों के मुताबिक शॉर्ट वेव रेडियो पर हिन्दी सेवा की पाँच सभाओं के कार्यक्रम सुननेवालों की संख्या लगभग ढाई करोड़ है, यानी ऑस्ट्रेलिया और रोमानिया जैसे देशों की कुल आबादी से अधिक—भारत के गाँव-गाँव में दूरदर्शन की पैठ और व्यावसायिक चकाचौंध से भरे केबल टीवी के इस दौर में, बीबीसी हिन्दी सेवा ने हमेशा की तरह अपनी जगह बनाए रखी है।

अक्सर यह सवाल पूछा जाता है कि इतने बड़े श्रोता समुदाय को बाँधे रखने का कौन-सा मन्त्र हिन्दी सेवा के पास है। मन्त्र है—सबसे सही, सबसे पहले और सबसे सन्तुलित। पिछले साठ वर्षों से यह मन्त्र कभी नहीं चूका और जो हज़ारों चिट्ठियाँ हर सप्ताह लन्दन पहुँचती हैं, उनमें से ज्यादातर यही कहती हैं कि बीबीसी से ज्यादा विश्वसनीय कोई और नहीं है।

ये विश्वसनीयता, ये लोकप्रियता पिछले साठ वर्षों की संचित पूँजी है। आज लन्दन और भारत में, बीबीसी हिन्दी सेवा के लगभग 30 पत्रकार-प्रसारक आपके लिए रात-दिन ख़बरें जुटाते हैं। तकनीकें बदल गई हैं, मानदंड नहीं बदले, ज़माना बदला है, आदर्श नहीं बदले। बीबीसी हिन्दी सेवा के लिए काम करनेवाले हर व्यक्ति को हमेशा याद रहता है और वक्त-वक्त पर याद दिलाया जाता है कि यह विश्वसनीयता कई-कई कठिन परीक्षाओं से गुज़रकर हासिल हुई है, इसे दाँव पर नहीं लगाया जा सकता।

जिस दिन विंस्टन चर्चिल ब्रिटेन के प्रधानमन्त्री बने उसी दिन दुनिया के पहले कॉर्पोरेशन, बीबीसी ने हिन्दुस्तानी में अपना पहला प्रसारण किया। 11 मई 1940 को शुरू हुए इस प्रसारण का मकसद था—दूसरे विश्वयुद्ध के दौरान अलग-अलग मोर्चों पर ब्रिटेन के लिए लड़ रहे भारतीय सैनिकों के परिवारों तक उनका हाल-समाचार पहुँचाना। कुछ साल बाद लड़ाई बन्द हुई, संयुक्त राष्ट्र की स्थापना हुई। बीबीसी हिन्दुस्तानी सेवा का स्वरूप, लक्ष्य और आकार बदलने लगा।

बीबीसी ने पिछले साठ वर्षों में जितना कुछ देखा है और करोड़ों श्रोताओं को बयान

किया है, वह एक अथाह सागर की तरह है। बीबीसी हिन्दुस्तानी सेवा ने ऐसे समय जन्म लिया जब यूरोप और दुनिया के कई हिस्सों में तोप गरज रहे थे, मानवता सैनिकों के बूटों तले रौंदी जा रही थी। एक तरफ हिटलर के अत्याचार तो दूसरी और कम्युनिस्ट सोवियत संघ में जारी दमन। यह तो था अन्तर्राष्ट्रीय परिदृश्य, भारत में 1942 में महात्मा गाँधी ने भारत छोड़ो आन्दोलन शुरू कर दिया। जब पूरी दुनिया की शक्ल बदल रही थी तब हिन्दुस्तानी सेवा जेड ए बुख़ारी, जॉर्ज ऑर्वेल और बलराज साहनी जैसे महान प्रसारकों के नेतृत्व में समाचार देने की स्वतन्त्र, निश्चिन्त और विश्वसनीय शैली गढ़ने में लगी थी।

अपनी शुरुआत के दस वर्षों के भीतर ही, हिन्दुस्तानी सेवा को बहुत कुछ देखना पड़ा और अपने श्रोताओं को साहस, तत्परता और सच्चाई के साथ बताना पड़ा। भारत की स्वतन्त्रता, देश का विभाजन, साम्प्रदायिक दंगे और महात्मा गाँधी की हत्या, हिन्दुस्तानी सेवा के प्रसारण बड़े गौर से सुने गए।

पाकिस्तान के अस्तित्व में आने के बाद, पचास के दशक में हिन्दुस्तानी सेवा भी दो टुकड़ों में बँट गई लेकिन साम्प्रदायिक या राजनीतिक आधार नहीं बल्कि दो नव-स्वतन्त्र राष्ट्रों से जुड़े समाचारों को उन तक सशक्त ढंग से पहुँचाने के लिए। हिन्दुस्तानी विभाग के दो हिस्से हुए—इंडियन सेक्शन और पाकिस्तानी सेक्शन। आगे चलकर के ये आज के हिन्दी और उर्दू सेवा बने। इस पचास के दशक में जहाँ पर्वतारोहियों ने दुनिया की सबसे ऊँची चोटी एवरेस्ट पर विजय पाई वहीं नवगठित इंडियन सेक्शन ने पत्रकारिता और प्रसारण के शीर्ष मानदंड तय किए। स्वेज नहर को लेकर पैदा हुआ अन्तर्राष्ट्रीय संकट और भारत में जवाहरलाल नेहरू के नेतृत्व में नए भारत का उदय और उसकी समस्याएँ विश्लेषण का मुख्य विषय बने। साठ के दशक के अपने करोड़ों श्रोताओं को बीबीसी ने बताया कि जब यूरी गागारिन ने पहले धरतीवासी के रूप में अन्तरिक्ष में क़दम रखा तो उन्होंने क्या महसूस किया और नील आर्मस्ट्रांग को चाँद से धरती कैसी दिखाई दी। 1962 के भारत-चीन युद्ध और 1965 के भारत-पाकिस्तान युद्ध ने बीबीसी के हिन्दी प्रसारणों की निष्पक्षता और विश्वसनीयता की कड़ी परीक्षा ली। पुरुषोत्तम लाल पाहवा और आले हसन जैसे प्रसारकों ने मोर्चा सँभाला। जवाहरलाल नेहरू, लाल बहादुर शास्त्री और जॉन एफ़. केनेडी दुनिया छोड़ गए। दुनिया में पहली बार मानव-हृदय का सफल प्रतिरोपण हुआ। हर घटना-दुर्घटना, सफलता-संघर्ष की जीती-जागती आवाज़ें शॉर्ट वेव के ज़रिए घर-घर पहुँचीं।

यहाँ तक आते-आते बीबीसी हिन्दी सेवा ने सबसे लोकप्रिय और सबसे विश्वसनीय प्रसारक के रूप में अपनी धाक जमा ली, लेकिन इम्तिहान और भी थे। अमरीका में वाटरगेट कांड में राष्ट्रपति निक्सन की सत्ता गई, ईरान में इस्लामी क्रान्ति के बाद रज़ा शाह पहलवी को भागना पड़ा, पाकिस्तान के भुट्टो को फाँसी हुई और सबसे बढ़कर भारत-पाकिस्तान युद्ध के बाद बाँग्लादेश का जन्म हुआ। इसी दशक में आगे जाकर इन्दिरा गाँधी ने इमरजेंसी लगाई, इसके बाद भारत में पहली बार गैर-कांग्रेसी सरकार

आई और गई। बीबीसी हिन्दी सेवा ने इन समाचारों को न सिर्फ़ केन्द्र में रखा बल्कि उनकी खुलकर निष्पक्ष समीक्षा की। श्रोताओं ने आले हसन, रत्नाकर भारती, कैलाश बुधवार और ओंकारनाथ श्रीवास्तव के कार्यक्रमों की हर पहलू से पड़ताल की और उन्हें नायाब पाया।

अचला शर्मा, गौतम सचदेव, रमा पांडे और विजय राणा अस्सी के दशक में लन्दन पहुँचे तो नई चुनौतियाँ उनकी राह देख रही थीं। इस दौर तक आते-आते बीबीसी हिन्दी सेवा की प्रतिष्ठा और लोकप्रियता शिखर छू रही थी। श्रोताओं के पत्र यहाँ तक पूछने लगे कि सोमवार को अमुक साहब की आवाज सुनाई नहीं दी, उनकी तबीयत तो ठीक है न ? ऐसी लोकप्रियता को निभाना अपने-आप में एक चुनौती रही है।

राजीव गाँधी उस दिन उत्तर-पूर्वी भारत के एक गाँव में थे जब इन्दिरा गाँधी की हत्या हुई, जब उन्हें सही ख़बर जानने की बेचैनी हुई तो उन्होंने बीबीसी लगाया। कई अख़बारों ने रेडियो ट्यून करते राजीव गाँधी की तस्वीरें छापीं। तनाव और कर्फ़्यू के दौरान पंजाब के घर-घर में लोगों ने हिन्दी सेवा के प्रसारण सुने, मॉर्क टली और सतीश जैकब ने स्वर्णमन्दिर में भारतीय सेना के प्रवेश से लकर जरनैल सिंह भिंडराँवाले के मारे जाने तक एक-एक ख़बर दी, कभी किसी ने उँगली नहीं उठाई अलबत्ता सबके कान रेडियो सेट से चिपके रहे।

1990 में बीबीसी ने हिन्दी प्रसारण के पचास वर्ष पूरे किए, लेकिन उत्सव मनाने का अवसर कभी नहीं मिला, दुनिया-भर के समाचारों ने पूरी टीम को हमेशा व्यस्त रखा। पहले इराक़ ने कुवैत पर कब्जा किया, उसके बाद अमरीका ने इराक़ पर हमला कर दिया। भारत में तेजी से बदलाव आए, उदारीकरण और आर्थिक सुधार की लहर चली, बीजेपी की सरकार आई, गई और फिर आई। तमाम बदलावों के बीच बीबीसी हिन्दी सेवा के लक्ष्य और आदर्श वही रहे, लोकप्रियता भी वही रही।

1927 में जब बीबीसी दुनिया का पहला कॉर्पोरेशन बना तो इसके पहले महाप्रबन्धक जे सी डब्ल्यू टीथ ने तीन लक्ष्य तय किए—सही-सन्तुलित समाचार, प्रबुद्ध चेतना और स्वस्थ मनोरंजन। ये लक्ष्य आज भी बीबीसी का मार्गदर्शन करते हैं।

यही वजह है कि बीबीसी हिन्दी सेवा के कार्यक्रमों को हमेशा सराहा गया, न सिर्फ सामान्य श्रोताओं ने बल्कि आलोचकों ने भी सच्चाई, निष्पक्षता और सन्तुलन का पूरा विश्वास किया। राजीव गाँधी की हत्या के फ़ौरन बाद बीबीसी हिन्दी सेवा ने जो कार्यक्रम प्रसारित किया उसे प्रतिष्ठित संस्था एशियन ब्रॉडकास्टिंग यूनियन ने बेहतरीन रेडियो प्रस्तुति का पुरस्कार दिया। बीबीसी हिन्दी सेवा ने हमेशा समय की नब्ज़ को पहचाना। सिर्फ राजनीति और कूटनीति ही नहीं, आम जीवन के बड़े मुद्दे भी कभी नज़रअन्दाज़ नहीं हुए। स्वास्थ्य, पर्यावरण, शिक्षा, विज्ञान ये सभी बीबीसी हिन्दी सेवा के लिए महत्त्वपूर्ण विषय रहे। भारत की जनसंख्या समस्या पर हिन्दी सेवा के एक विशेष कार्यक्रम को तो संयुक्त राष्ट्र ने अपना प्रतिष्ठित यू.एन. पॉपुलेशन अॅवार्ड देने के लिए चुना।

हमेशा वाहवाही ही मिलती हो ऐसा नहीं है। सही-सच्ची और सन्तुलित ख़बर सबको पसन्द आए ऐसा कभी नहीं होता है। 1940 में जब से बीबीसी ने हिन्दी में प्रसारण शुरू किया तब से लेकर आज तक न जाने कितने ही मौक़े आए जब बीबीसी ने ब्रिटेन, भारत और पाकिस्तान की सरकारों को नाराज किया लेकिन श्रोताओं का विश्वास कभी नहीं तोड़ा, फॉकलैंड की लड़ाई के दौरान ब्रिटेन की सरकार नाराज़ हुई लेकिन अर्जेंटीना के नागरिकों ने निष्पक्ष समाचार देने के लिए बीबीसी को बधाई दी। इमरजेंसी के दौरान मॉर्क टली को भारत से निकाल दिया गया लेकिन प्रसारणों की लोकप्रियता बनी रही।

आज भी क़दम-क़दम पर चुनौतियाँ आती रही हैं लेकिन हिन्दी सेवा ने कभी समझौता नहीं किया क्योंकि उसके पास श्रोताओं के विश्वास का बल है। इस तथ्य को बीबीसी वर्ल्ड सर्विस ने कभी नहीं छिपाया कि उसके प्रसारणों के लिए पैसा ब्रितानी विदेश मन्त्रालय से आता है लेकिन यह तथ्य भी श्रोताओं से छिपा नहीं है कि सम्पादकीय मामलों में बीबीसी ने कभी कोई हस्तक्षेप स्वीकार नहीं किया। बीबीसी हिन्दी सेवा से प्रसारित हर शब्द सतत् सजग सम्पादकीय मानदंडों से होकर ही गुज़रता है। लेकिन पक्षपात के आरोप भी लगते रहते हैं, ख़ास तौर पर भारत-पाकिंस्तान के मामले में।

एक दिलचस्प स्थिति का बयान हिन्दी के भूतपूर्व संचालक डेविड पेज ने अपने एक लेख में किया है। 1965 के भारत-पाकिस्तान युद्ध के दौरान जब वे भारत पहुँचे तो उन्हें भारी नाराज़गी का सामना करना पड़ा क्योंकि ब्रिटेन की तत्कालीन लेबर सरकार पाकिस्तान की ओर झुक रही थी। बाकी बातों के अलावा, अन्तर्राष्ट्रीय प्रतिक्रिया लोगों तक पहुँचाना हिन्दी सेवा का दायित्व था लेकिन यह बात कुछ लोगों को पसन्द नहीं आई। जब डेविड पेज पाकिस्तान पहुँचे तो वहाँ के लोग और ज़्यादा नाराज़ थे क्योंकि बीबीसी हिन्दी सेवा भारतीय सेना के बढ़ते दबदबे की ख़बर दे रही थी। अपने श्रोताओं को सही, सच्ची ख़बर देने के बाद इस बात का ध्यान रखने की ज़रूरत ही नहीं रह जाती कि कौन नाराज़ है और कौन खुश।

ज्यादा पुरानी बात नहीं है, मॉर्क टली अयोध्या रामजन्मभूमि अभियान के दौरान वहाँ पहुँचे तो लोगों ने उनसे शिकायत की कि बीबीसी पक्षपातपूर्ण समाचार देते हैं। मॉर्क टली ने अपने एक लेख में लिखा कि जवाब के तौर पर यह सवाल हमेशा कारगर होता है कि अगर बीबीसी हिन्दी सेवा पक्षपातपूर्ण समाचार देता है तो करोड़ों लोग उसे क्यों सुनते हैं !

विशाल श्रोता वर्ग हिन्दी सेवा के लिए जहाँ गर्व का कारण रहा है वहीं उसकी जरूरतें पूरी करना एक बड़ी चुनौती रही है। हिन्दी सेवा ने इस बात का पूरा ध्यान रखा कि भारत के हर कोने से तत्काल सही और निष्पक्ष समाचार मिल सकें। देश के हर बड़े राज्य की राजधानी में संवाददाता तो हैं ही, साथ ही, दिल्ली में एक पूरी टीम रात-दिन काम करती है, इस टीम के पास वही टेक्नॉलॉजी, सुविधाएँ और साधन मौजूद

हैं जो लन्दन में हैं। बदलते समय को पहचानते हुए हिन्दी सेवा ने अनेक युवा पत्रकारों को मौक़ा दिया है, हिन्दी की पूरी टीम अनुभवी प्रसारकों और जोशीले पत्रकारों का नायाब संगम है।

पिछले साठ वर्षों में अग्रणी समाचार माध्यम के तौर पर, हिन्दी पत्रकारिता के मौजूदा स्वरूप को गढ़ने में बीबीसी हिन्दी सेवा की भूमिका को प्रिंट और रेडियो-टेलीविजन से जुड़े लगभग सभी वरिष्ठ और प्रतिष्ठित लोग स्वीकार करते हैं। भारत में टीवी और रेडियो पर प्रसारित कार्यक्रमों में भाषा, मुहावरे, प्रयोग, शैली हर विधा में आपको ऐसी अनेक बातें मिलेंगी जिनकी शुरुआत हिन्दी सेवा ने की है। यह कोई देन नहीं, दायित्व है, समाचार प्रसारण में अग्रज होने का।

अपने इसी दायित्व को समझते हुए बीबीसी हिन्दी सेवा ने युवा पत्रकार प्रतियोगिता की शुरुआत की। सैकड़ों युवा पत्रकारों ने अपनी प्रकाशित-प्रसारित सामग्री भेजी और पुरस्कार के लिए चुना गया, राजस्थान पत्रिका के श्री गंगानगर संस्करण के प्रतिभाशाली युवा पत्रकार पृथ्वी परिहार को जिन्होंने कृषि, सिंचाई, पर्यावरण जैसे विषयों पर रोचक लेख लिखे हैं।

नई सहस्राब्दि में, सूचना क्रान्ति की इस तेज़ हुई रफ़्तार में, आगे बने रहने के लिए बीबीसी हिन्दी सेवा ने वैकल्पिक माध्यम के तौर पर इंटरनेट को अपनाया है, हज़ारों लोग अब हिन्दी के प्रसारण इंटरनेट के ज़रिए भी सुन रहे हैं, शॉर्ट वेव रेडियो की सीमा टूट चुकी है। बारह युवा पत्रकारों की एक उत्साही टीम के सहारे हिन्दी सेवा और अधिक श्रोताओं-पाठकों तक पहुँचने की तैयारी में जुटी है।

साठ साल के अपने अनुभवों से हिन्दी सेवा ने जो कुछ सीखा है उसे सँजोया है। आगे के लिए लोकप्रिय, स्वतन्त्र और सन्तुलित समाचार और विचार श्रोताओं तक पहुँचाने में यही पूँजी काम आती रहेगी।

परिशिष्ट-2

निष्पक्ष, सूचनाप्रद और सटीक लेखन

□ राजेश प्रियदर्शी एवं आशुतोष चतुर्वेदी

प्रोड्यूसर गाइडलाइंस

हम बी.बी.सी. की सटीक, निष्पक्ष और सूचनाबद्ध लेखन की नीति का पालन करेंगे। इसकी विस्तार से जानकारी प्रोड्यूसर गाइडलांइस में दी गई है। पर साथ ही हमें इस माध्यम की गति और तात्कालिकता का भी ध्यान रखना है।

कहानी और शीर्षक भाषायी दृष्टि से ठीक होना चाहिए। साथ ही उसमें मात्रा की गलतियाँ भी नहीं होनी चाहिए। सभी कहानियों को लिखनेवाले के अलावा एक अन्य व्यक्ति ने उसे अवश्य जाँचा हो।

हमें कहानी मिलते ही तत्काल लगानी चाहिए। अगर फोटो नहीं हैं तो नक्शे से काम चलाएँ, अगर नक्शा भी नहीं तो ब्रेकिंग न्यूज या ताजा खबर की पिक्चर लगाएँ। कहें कि ज्यादा जानकारी आप तक जल्दी ही पहुँचाई जाएगी। अधिक जानकारी का बहुत इन्तजार नहीं करना चाहिए। उसे बाद में जोड़ा जा सकता है। साथ ही ऑडियो और लिंक भी बाद में लगाए जा सकते हैं।

हमें हर हालत में निष्पक्षता बनाए रखनी है। लिखनेवाले के विचार कहानी को प्रभावित नहीं करने चाहिए। किसी भी राय अथवा मत को अलग से दिखाया जाना चाहिए। संवाददाता का विश्लेषण भी अलग साफ नजर आना चाहिए। अगर सभी सूत्रों की जानकारी हम नहीं दे सकते, तो सरकार के कथन और प्रभावित होनेवाले पक्ष के कथन को भी शामिल करने का प्रयास करना चाहिए।

समाचार लेखन

कहानी में छोटे और स्पष्ट वाक्यों का प्रयोग किया जाना चाहिए। 200-250 शब्दों की कहानी उपयुक्त है पर बड़ी कहानियाँ 350 शब्दों तक हो सकती हैं।

कहानी का पहला पैरा सबसे महत्त्वपूर्ण होता है। यदि पहले कुछ शब्द जानकारी भरे नहीं हुए तो वेब के पाठक के द्वारा इसे छोड़ देने की पूरी सम्भावना होती है। वेब

पाठक तत्काल जानकारी चाहते हैं, हमें इस बात का ध्यान रखना है।

अगर वेब पेज पर कहानी 24 घंटे से लगी है तो उसे दोबारा लिखा जाना चाहिए। इसके शीर्षक को भी बदला जाए। शीर्षक एक लाइन (छह शब्द) से अधिक का न हो। शीर्षक का प्रयोग कहानी में न हो। कहानी में भारतीय प्रधानमन्त्री ने यहाँ और पाकिस्तानी राष्ट्रपति जनरल परवेज मुशर्रफ़ ने वहाँ कहा और इस बीच हुर्रियत ने भी कहा जैसे वाक्यों का प्रयोग नहीं करना है। (यहाँ, वहाँ शब्दों से हमारी निष्पक्षता पर असर पड़ेगा)। 'के चलते' का प्रयोग तो बिल्कुल नहीं करना है।

कहानी का शीर्षक सटीक और पैना होना चाहिए। उसे पढ़ते ही पाठक कहानी पढ़ने के लिए उत्सुक हो जाए। पूरी कहानी शीर्षक में ही बताने की कोशिश न करें यानी शीर्षक जितना छोटा-से-छोटा हो सकता है, उसे रखें। राजनीतिक कहानी के सीधे और स्पष्ट शीर्षक लगाए जाने चाहिए। खेल, विज्ञान, कला और फिल्म आदि विषयों पर छूट ली जा सकती हैं।

समाचार लेखन में 'आतंकवादी' शब्द का प्रयोग नहीं होगा। यह बी.बी.सी. की नीति है। हम पृथकतावादी, वामपन्थी और अलगाववादी का प्रयोग करेंगे।

भारतीय कश्मीर या पाकिस्तानी कश्मीर कहें, न कि अधिकृत या पाकिस्तान अधिकृत कश्मीर। एक कहानी में अगर भारतीय कश्मीर लिख रहे हैं तो पाकिस्तान प्रशासित कश्मीर के बजाए पाकिस्तानी कश्मीर ही लिखें। अगर भारत प्रशासित कश्मीर लिख रहे हैं तो फिर पाकिस्तान प्रशासित कश्मीर ही लिखें। एक विकल्प ये भी है कि आप भारत के कश्मीर राज्य या फिर पाकिस्तान के कश्मीर राज्य लिखें।

सामान्य सुझाव

आर्थिक

आर्थिक समाचार रूखे होते हैं। हमें इन्हें सरल और दिलचस्प ढंग से पेश करना है।

यदि कम्पनी के परिणाम दे रहें हों, तो कर बाद लाभ या शुद्ध लाभ ही लें।

कम्पनियाँ अपने परिणामों को बढ़ा-चढ़ाकर पेश करती हैं और दूसरी कम्पनियों की छवि खराब करती हैं, हमें इस जाल से बचना है, इसलिए आवश्यक है कि हम विशेषणों से बचें।

आँकड़ों को सरल ढंग से दें। यदि 3442 आया है, तो इसे लगभग 3500 लिखा जा सकता है।

आर्थिक अर्थ-वित्त जगत के समाचारों में बहुत बार फिस्कल इयर शब्द को उपयोग में लाया जाता है। इसके लिए वित्तीय वर्ष का प्रयोग करें।

इसी तरह बजट की एक्सरसाइज के बजाय बजट तैयार हो रहा है या बजट की तैयारी हो रही है कहा जा सकता है। बजट डेफिसिट को लिखें बजट घाटा और रेट

ऑफ इंफ्लेशन को लिखें महँगाई दर।

भारतीय प्रतिभूति एवं विनिमय बोर्ड को संघीय लिखा जा सकता है।

खेल

खेल इस तरह प्रस्तुत किया जाए कि कहानी में खेल की गति का कुछ आभास हो। हम सम्बन्धित खेल की शब्दावली का प्रयोग करेंगे।

खेल में ग्रांड प्रिक्स लिख दिया जाता है जबकि सही शब्द है ग्रंड प्री.। क्रिकेट में अंग्रेजी के अनेक शब्द प्रचलन में हैं। हमें उन्हें वैसा ही लिखना है। हम एकदिवसीय और वन डे प्रयोग कर सकते हैं।

हम कम्पनी और प्रायोजकों के नाम का प्रयोग नहीं करेंगे। जैसे पेप्सी कप के स्थान पर एकदिवसीय शृंखला का प्रयोग कर सकते हैं।

विज्ञान और स्वास्थ्य

विज्ञान में अंग्रेजी के शब्दों के समकक्ष बहुत बार हिन्दी शब्द उपलब्ध नहीं होते। यदि होते भी हैं तो वो प्रचलित नहीं हैं। इसलिए हम प्रचलित अंग्रेजी शब्दों का इस्तेमाल करेंगे।

स्वास्थ्य और विज्ञान की कहानियों के शीर्षक में हम छूट ले सकते हैं। जैसे कोलेस्ट्रॉल के कारण दिल का दौरा पड़ने सम्बन्धी कहानी का शीर्षक दिल का दुश्मन जैसा दिया जा सकता है।

कानूनी मामले

न्यायालय में विचाराधीन मामलों में हमें विशेष सावधानी बरतनी है। मामले की जानकारी तो दी जा सकती है पर कोई टिप्पणी करने से बचना चाहिए। प्रोड्यूसर गाइडलाइंस में इसकी विस्तृत जानकारी दी गई है। कोई भी शंका होने पर सम्पादक से सम्पर्क करें।

दुर्घटना

दुर्घटना के मामलों में सम्वेदनशीलता का परिचय दें। कोशिश करें कि क्षत-विक्षत शवों की तस्वीरें न लगाई जाएँ। मरनेवालों की संख्या के बारे में दो एजेंसियों से पुष्टि करें और कहानी में सूत्र का हवाला दें।

अगर किसी एजेंसी ने 30 और किसी ने 35 बताई है तो आप लिखें कम-से-कम

30 लोग मारे गए।

राहत एवं बचाव कार्य जारी, यह वाक्य राहत कार्य समाप्त होने के बाद भी चलता रहता है।

राजनीति

राजनीतिक दलों के बयानों में प्रवक्ता का हवाला अवश्य दें। अगर नरेन्द्र मोदी ने कहा कि बीएसपी से समझौता नहीं होगा, तो यह न लिखें कि बीजेपी ने कहा कि बीएसपी से समझौता नहीं होगा बल्कि लिखें कि बीजेपी प्रवक्ता नरेन्द्र मोदी ने कहा कि उनकी पार्टी बीएसपी से समझौता नहीं करेगी।

अगर अलग-अलग राजनीतिक दलों की राय का प्रयोग कहानी में कर रहे हैं, तो दलों की राजनीतिक अहमियत के हिसाब से उन्हें क्रमबद्ध करें। जैसे बीजेपी, कांग्रेस, तेलुगु देशम और समता पार्टी। न कि समता पार्टी, कांग्रेस, बीजेपी और तेलुगु देशम पार्टी।

भारी बहुमत का प्रयोग अक्सर किया जाता है, हमें इसको जाँच कर ही प्रयोग करना है।

संसद की proceedings कार्यवाही है न कि कार्रवाई (action)।

हम सीपीआई, सीपीएम, आरजेडी और एनडीए का प्रयोग करेंगे।

माप-तौल के पैमाने

दूरी के लिए हम किलोमीटर का प्रयोग करेंगे, मील का नहीं, एक मील, 1.6 किलोमीटर के बराबर होता है।

वजन हमेशा ग्राम, किलोग्राम, क्विंटल और टन में लिखें, पाउंड या औंस जैसे पैमानों का प्रयोग न करें।

लम्बाई सेंटीमीटर और मीटर में लिखें, फीट और इंच में नहीं।

तरल पदार्थ हमेशा लीटर में लिखें।

बड़े पैमाने पर खेती के मामले में हैक्टेअर का प्रयोग होता है और हम भी इसे ही चलाएँगे।

ख़ास क्षेत्रों में मापने के जो पैमाने हैं उन्हीं का प्रयोग हम करेंगे। कुछ मिसालें—

समुद्र के लिए नोटिकल मील

पानी के बहाव के लिए क्यूसेक

कपास के लिए गाँठें

अन्तरिक्ष के मामले में प्रकाश वर्ष

विभक्ति और विराम आदि के चिह्न

ने, से, में, का, के, को, लिए के प्रयोग में इन बातों का ध्यान रखें।

कर्त्ता के लिए विभक्ति के चिह्न को जोड़कर नहीं लिखेंगे : रामने नहीं बल्कि 'राम ने' लिखा जाएगा।

लेकिन सर्वनामों को हमेशा विभक्ति के साथ जोड़कर लिखा जाएगा—इसने, उसने, किसने, किसमें आदि।

लेकिन जब दो विभक्तियाँ आ रही हों तो पहलेवाले को जोड़कर और बादवाले को अलग लिखें—उसके लिए, इसमें से।

विराम के लिए हम अंग्रेजी का ही फुलस्टॉप प्रयोग में लाएँगे

वाक्य को छोटा करने के लिए फुलस्टाप न लगाएँ। फुलस्टॉप वहीं लगाएँ जहाँ वाक्य स्वाभाविक रूप से खत्म हो रहा हो।

कोमा के मामले में इन बातों का ध्यान रखें

जब वाक्य में कई स्थानों, लोगों का चीजों के नाम आ रहे हों तो कोमा जरूर लगाएँ।

जब वाक्य का अगला हिस्सा, लेकिन, मगर, या और, बल्कि जैसे शब्दों से शुरू हो तो कोमा लगाने की जरूरत नहीं है।

आमतौर पर दो-तीन शब्दों के बीच कोमा लगाने के बाद अन्तिम शब्द के साथ और का प्रयोग करें—अर्जुन सिंह, नारायण दत्त तिवारी, शीशराम ओझा और कुमारमंगलम कांग्रेस पार्टी में चले गए हैं।

एक से अधिक विशेषण हो तो भी उनके बीच कोमा लगाएँ। जैसे वे लाल, चमचमाती, महँगी कार में आ रहे थे।

हाइफन

कोई शब्द अगर एक ही जगह दो बार आ रहा हो तो हाइफन लगाएँ—बार-बार, पास-पास, दूर-दूर।

जहाँ दो परस्पर विरोधी शब्द एक साथ आ रहे हों—ऊँच-नीच, सुख-दुख, दिन-रात।

जहाँ पहला शब्द अर्थपूर्ण और दूसरा निरर्थक हों—झूठ-मूठ।

जहाँ दोनों शब्द एक-दूसरे के पूरक हों—रोजी-रोटी, चोली-दामन।

हाइफन का प्रयोग डैश की तरह न करें।

प्रश्नवाचक चिह्न

जहाँ क्या, क्यों, कब, कैसे वाक्य में प्रधान हों वहाँ वाक्य के अन्त में प्रश्नवाचक चिह्न जरूर लगाएँ।

भारत को क्या यही दिन देखना रह गया था, ऐसे वाक्यों में प्रश्नवाचक चिह्न की जरूरत नहीं है क्योंकि ये सवाल नहीं बल्कि टिप्पणियाँ हैं।

लम्बे और जटिल वाक्यों के अन्त में प्रश्नवाचक चिह्न लगाने से वाक्य और उलझ जाते हैं, प्रश्नवाचक चिह्न न लगाएँ—राम जब मुझसे पिछली बार मिला तो पूछने लगा है कि क्या मेरा दिल्ली आने का इरादा है।

जिन वाक्यों में विकल्प हों उनमें प्रश्नवाचक चिह्न न लगाएँ—उत्तर को तोड़कर अलग राज्य बनाना चाहिए या नहीं।

इनवर्टेड कोमा के मामले में हम अंग्रेजी की ही शैली अपनाएँगे—जहाँ हम किसी वाक्य के हिस्से को कथन के तौर पर लिख रहे हों वहाँ हम शुरू और अन्त में सिर्फ एक कोमा (‘) लगाएँगे लेकिन जहाँ पूरा वाक्य या उससे भी लम्बा हिस्सा लिया जा रहा हो वहाँ हम शुरू और अन्त में दोहरा (“) कोमा लगाएँगे।

फिल्मों, नाटकों, किताबों और कहानियों के शीर्षक आदि इटैलिक फोंट में लिखें।

कोष्ठक या ब्रेकट्स का प्रयोग न करें जब तक मजबूरी न हो।

स्थानों के नाम

असम	आसाम नहीं
केरल	केरला नहीं
कश्मीर	काश्मीर नहीं
नगालैंड	नागालैंड नहीं
कर्नाटक	कर्णाटक नहीं
हरियाणा	हरियाना नहीं
तिरुवनन्तपुरम	त्रिवेंद्रम नहीं
कोलकाता	कलकत्ता नहीं
चेन्नई	मद्रास़ नहीं
मुम्बई	बम्बई नहीं
बंगलौर	बंगलूर या बैंगलौर नहीं
वडोदरा	बड़ौदा नहीं
उड़ीसा	ओडिसा नहीं
पश्चिम बंगाल	पं. बंगाल या बंगाल नहीं
इम्फाल	इम्फ़ाल नहीं

इलाहाबाद	प्रयागराज या संगम नहीं
विशाखापतनम	वैजाग नहीं
उत्तरांचल	उत्तराखंड नहीं
पुणे	पूना नहीं
पणजी	पंजिम नहीं
पाण्डिचेरी	पांडिचेरी नहीं
तमिलनाडु	तमिलनाडु या तमिल नाड नहीं
कोचीन	कोच्चि नहीं
मदुरै	मदुराई नहीं

विदेशी नामों के मामले में अक्सर गलतियाँ होती हैं इसलिए हमेशा सतर्कता बरतें। अगर पूरा भरोसा न हो तो सम्बद्ध सेक्शन से पूछ लें—बुश हाउस का यही तो मजा है। नीचे कुछ नाम दिए जा रहे हैं जिनको लिखते समय ध्यान रखें।

मिस्र	इजिप्ट नहीं
यूनान	ग्रीस नहीं
बर्मा	म्यांमार नहीं
यूरोप	योरोप नहीं
इसराइल	इजराइल नहीं
मख्दूनिया	मैसेडोनिया नहीं
काहिरा	कैरो नहीं
दमिश्क	डमैसकस नहीं
अमरीका	अमेरिका नहीं और संयुक्त राज्य अमरीका नहीं
काठमांडू	कठमंडू नहीं
श्रीलंका	लंका या सिलोन नहीं
बाँग्लादेश	बंगलादेश नहीं
सोल	सियोल नहीं
ताइपे	ताइपेइ नहीं
कन्धार	कन्दहार नहीं
तुर्की	टर्की नहीं
ब्राज़ील	ब्राजील नहीं
कनाडा	कनैडा नहीं
सउदी अरब	साउदी नहीं
संयुक्त अरब अमीरात	यूएई नहीं
मालदीव	मालदीव्स नहीं
युगांडा	उगांडा नहीं

कीनिया	केन्या नहीं
रुवांडा	रवांडा नहीं
बीजिंग	बेइजिंग नहीं
हांगकांग	होन्कोंग नहीं
मलेशिया	मलयेशिया नहीं
अफ्रीका	अफ्रिका नहीं
स्वीडन	स्वीडेन नहीं
रूस	रसिया नहीं

यह सूची अन्तहीन है, हम इसमें उन शब्दों को जोड़ते रहेंगे जिनके नाम को लेकर मतभेद हैं। यह भी तय है कि यह सर्वशुद्ध या सर्वमान्य सूची नहीं है, आपमें से बहुत सारे लोग कई शब्दों की वर्तनी से सहमत नहीं होंगे लेकिन हम कभी भी इस बारे में चर्चा कर सकते हैं। इसका उद्‌देश्य यथासम्भव प्रचलित और सही भाषा का प्रयोग करना है लेकिन साथ ही एकरूपता भी जरूरी है।

भारत के मामले में भी जहाँ जगहों के नाम अंग्रेजी में हों वहाँ अगर सही नाम पता न हो तो पता करके ही लिखें, अन्यथा मोतिहारी या मोटीहारी या दमन का डमन होने में देर नहीं लगेगी।

विदेशी नामों को भारतीय उच्चारण परम्परा के निकट ही लिखें, यही वजह है कि हम कैनेडा की जगह कनाडा लिखेंगे।

आपकी जानकारी के लिए—बी.बी.सी में एक उच्चारण विभाग है जिससे किसी भी विदेशी शब्द का उच्चारण पूछा जा सकता है। फोन नम्बर है—51240

अनुवाद और वाक्य रचना की समस्याएँ

नामों का अनुवाद यथासम्भव न करें। मगर अर्थ समझाने के लिए ऐसा करना पड़े तो अंग्रेजी या किसी मूल भाषा में वह नाम जरूर दें। उदाहरण—नेशनल गैस की जगह राष्ट्रीय गैस न लिखें, अगर जरूरी हो तो सरकारी गैस कम्पनी लिखें।

मुहावरों का अनुवाद करने की कोशिश में हास्यास्पद भूलें होती हैं, जरा सँभल कर। कोशिश करें कि आपको कोई उपयुक्त हिन्दी मुहावरा मिल जाए अन्यथा सिर्फ उसका मतलब लिख दें। उदाहरण—ही हैज थ्रोन हिज हैट इन द रिंग। उन्होंने टोपी फेंक दी है जैसे प्रयोगों से बचें। अगर लिखना हो तो लिखें कि ये भी मैदान में कूद पड़े हैं।

बिना अर्थ समझे या अन्दाजा लगाकर अनुवाद न करें। उदाहरण—स्टेट ऑफ दि ऑर्ट का अनुवाद—कला की हालत न हो जाए।

अंग्रेजी की अभिव्यक्तियों का अनुवाद न करके उनका आशय लिखें। आइ एम गोइंग टू सी माइ फादर, मैं मेरे पिता को देखने जा रहा हूँ। इसके बदले बेहतर होगा—मैं अपने पिता से मिलने जा रहा हूँ।

अंग्रेजी के वाक्य की बनावट के चक्कर में न पड़ें, मतलब की बात करें। दि बिल वाज पास्ड बाइ दि पार्लियामेंट ड्यूरिंग दि क्राइसिस, यह कानून संसद द्वारा संकट के दौरान पारित किया गया था। बेहतर होगा—संकट के समय संसद ने इस कानून को मंजूरी दी थी।

कोई भी वाक्य लिखते समय इस बात का ख्याल रखें कि उसमें चार से अधिक के, ने, में, से, का, को, की न हों।

उदाहरण : 'भारत के अधिकारियों का चीन की सीमा की समस्या के बारे में कहना है कि इसका समाधान इसके पूरे अध्ययन के बाद ही किया जा सकता है।'

ऐसे वाक्य न लिखें।

वाक्य रचना में एक बड़ी समस्या आती है जब विचार उलझे होते हैं। पहले खुद को समझाएँ उसके बाद पढ़नेवाले को।

वर्तनी की शैली

हिन्दी में बहुत सारे शब्द ऐसे हैं जो दो तरह से लिखे जाते हैं और आमतौर पर दोनों ही सही होते हैं जैसे नई या नयी, हिन्दी या हिंदी, गए या गये, सरदी या सर्दी, दरजी या दर्जी, कुरसी या कुर्सी...

हम नई, हिंदी, गए, सर्दी और कुर्सी वाली शैली का प्रयोग करेंगे। लेकिन जहाँ नाम का मामला है उसे वैसे ही लिखें जैसे प्रचलन में है, मिसाल के तौर पर वाजपेयी लिखें, वाजपेई नहीं। जो शब्द इक प्रत्यय लगाकर बनते हैं वे हमेशा यिक से लिखे जाएँगे, जैसे—राजनयिक, कूटनयिक को राजनईक या कूटनईक नहीं लिखा जा सकता है।

जहाँ तक चंद्रबिन्दु का सवाल है, ज्यादातर प्रकाशनों ने इसका प्रयोग बन्द कर दिया है लेकिन हम ऐसा नहीं करेंगे। उनका प्रयोग हर जगह न होकर वहीं होगा जहाँ इसके बिना अर्थ बदल सकता है। जैसे हंस और हँस या जहां और जहाँ।

सर्वनाम के मामले में हम हमेशा यह की जगह ये लिखेंगे और वह की जगह वे। लेकिन हम वो का प्रयोग वे के विकल्प के तौर पर नहीं करेंगे।

हलन्त के मामले में भी यही नीति होगी। अकस्मात्, आपात्, वृहत् आदि शब्द बिना हलन्त के लिखे जाएँगे।

विसर्गवाले शब्द बिना विसर्ग के लिखें जैसे दुःख के बदले दुख लिखें, अन्तःकरण जैसे शब्दों से बचें जिनमें विसर्ग हों लेकिन अन्ततः, क्रमशः और शब्दशः जैसे शब्द बिना विसर्ग के नहीं लिखे जा सकते।

उर्दू के सभी शब्दों को उनके उच्चारण के हिसाब से लिखें यानी जहाँ नुक्ते लगते हैं वहाँ जरूर लगाएँ लेकिन जहाँ नहीं है वहाँ हरगिज न लगाएँ।

अंग्रेजी के शब्दों को भी उनके उच्चारण के अनुरूप ही लिखें, कॉलेज लिखें कालेज

नहीं।

श्री के मामले में काफ़ी मतभेद और भ्रम है, हम किसी के नाम के आगे, सुश्री या श्रीमति नहीं लगाएँगे लेकिन हमें कुछ बातों का ध्यान रखना होगा। हम किसी भी व्यक्ति का पहले उल्लेख में पूरा नाम लिखेंगे, उसके बाद उसके पदनाम के साथ ही व्यक्ति का दूसरा नाम लिखेंगे, वाजपेयी ने कहा के बदले प्रधानमन्त्री वाजपेयी कहें। जी, साहब, महाशय और महोदय का प्रयोग हम नहीं करेंगे। कॉपी में सर्वनाम का प्रयोग हो सकता है जैसे उन्होंने कहा या उनका कहना है लेकिन ध्यान रखें कि वाक्य का अर्थ स्पष्ट हो।

बहुत सारे शब्द ऐसे हैं जिनके छोटे रूप से बात बन सकती है। प्रशाखा, अनुभाग जैसे शब्दों की जगह शाखा या विभाग से बात साफ होती है तो उन्हीं का प्रयोग करें।

अनेक ऐसे शब्द हैं जो आमतौर पर सरकारी शब्दावली का हिस्सा लगते हैं।

निम्न, निम्नलिखित, उपरोक्त, उक्त, उपर्युक्त जैसे शब्दों से बचें।

उर्दू के ऐसे ढेर सारे शब्द हैं जिनका प्रयोग हिन्दी में भी सहज रूप से होता है। हम उर्दू के इन शब्दों को उनके सही उच्चारण के हिसाब से लिखेंगे यानी जहाँ कहीं भी नुक्ता है वहाँ हम ज़रूर लगाएँगे। यहाँ कुछ ऐसे शब्दों की सूची दी जा रही है जिनमें नुक्ता लगाया जाता है।

अगर कोई सन्देह हो तो उन साथियों से पूछ लें जिन्हें उर्दू का ज्ञान है या फिर उर्दू-हिन्दी शब्दकोष देखें लेकिन गलत तरीक़े से न लिखें।

अंग्रेज़ी, आख़िरी, अफ़वाह, अफ़सोस, अफ़सर, अख़बार, आज़माईश, आफ़त, अर्ज़ी, अन्दाज़, आवाज़, आज़ाद, आदमख़ोर...

इज़्ज़त, इज़ाजत, इत्तेफ़ाक, इंसाफ़, इलाक़ा, इन्तज़ार, इन्तज़ाम, इक़रार...

क़दम, क़ाबू, क़ैद, क़स्बा, क़त्ल, क़ातिल, क़ौमी, क़व्वाली, क़ीमत, क़िस्सा, क़ुदरत, क़ानून, क़ायम, क़द, क़ाबिल, कारख़ाना, क़यामत, क़ायदा, किफ़ायत...

ख़त्म, ख़ून, ख़ाली, ख़ुदा, ख़्वाहिश, ख़ुशी, ख़जाना, ख़तरनाक, ख़ानाबदोश, ख़ारिज, ख़िताब, ख़ौफ, ख़ूबी, ख़ूँखार, ख़बर, ख़ुफिया, ख़रीद, ख़ुदा...

ग़ज़ल, ग़ुस्सा, गिलाफ़, ग़ुलाम, गोताख़ोर, ग़ैर, ग़ौर, ग़ायब, ग़लत, ग़म...

चीज़, चीख़...

ज़बर्दस्ती, ज़ाहिर, ज़हर, ज़ालिम, ज़ख्मी, ज़ुल्म, ज़माना, ज़री, ज़रूरत, ज़िन्दगी, ज़िक्र, ज़िम्मा, ज़्यादा, ज़िद, ज़ोर, जहाज़, जनाज़ा, जायज़, ज़रिया...

तकलीफ़, ताल्लुक़, तफ़्तीश, तहख़ाना, तहक़ीक़ात, तारीफ़, तख़्त, तलाक़, तारीख़, ताक़त, तकाज़ा, तरफ़, ताज़ा, तन्ज़, तूफ़ान, तोहफ़ा...

दफ़ा, दर्ज़ी, दफ़्तर, दख़ल, दस्तावेज़, दरख़्वास्त, दिमाग़...

नफ़ा-नुक़सान, नब्ज़, नज़र, निज़ात, नाज़, नमाज़, नक़ाब, नक़्शा, नाज़ुक, निज़ाम, नालायक़...

फ़ालतू, फ़लसफा, फ़ितरत, फ़ितूर, फख्र, फ़ासला, फ़तह, फ़िजूल, फ़ारिग, फ़सल, फ़ौलाद, फ़ौरन, फ़साद, फर्ज़, फ़िजूलख़र्ची, फ़ायदा, फ़रोख़्त...

बाक़ी, बक़ाया, बाज़ी, बेरुख़ी, बाज़, बग़ावत, बाज़ार, बदहज़्मी...

मज़ा, मज़ाक, मौक़ा, मज़दूर, मंज़िल, महफ़िल, मर्ज़ी, मज़ार, मक़सद, मुफ़्त, मुताबिक़, मुक़ाबला, मंज़ूर, माफ़ी...

राज़ी, रज़ामन्द, रफ़्तार, रमज़ान, रुख़, रोज़ा, राज़, रौनक़, रोज़गार, रेज़गारी, रोज़ाना...

सज़ा, सफ़ेद, सुर्ख़, साज़, साज़िश, सफ़ाई, सख़्त, सुराग़, सिफ़ारिश, शौक़, सफ़र...

हक़, हाज़मा, हज़ार, हाज़िर, हाज़िरी...

कुछ ऐसे शब्द हैं जिनको नुक्ता नहीं लगाया जाता–

जबरन, फाँसी, फूल, वकील, अजीब, मस्जिद, जुर्म, मुजरिम, दर्जा, वजह, मजमा, जवाब, लहजा, फिर, फल...

हमारी भाषा कैसी हो

कहना आसान है कि हमें आसान भाषा लिखनी चाहिए लेकिन ऐसा करना कई बार कठिन होता है। इसकी दो ही वजहें दिखाई देती हैं–सोचते और लिखते समय अंग्रेजी का हावी होना और व्यक्त किए जानेवाले विचारों की जटिलता।

हिन्दी लिखते समय अगर हम अंग्रेजी के दबाव से मुक्त होकर वाक्य की संरचना पर ग़ौर करें तो काम आसान हो जाएगा।

सीधे वाक्य लिखें–प्रधानमन्त्री द्वारा कहा गया/प्रधानमन्त्री ने कहा। बाद वाला वाक्य हमेशा बेहतर होगा।

छोटे वाक्य लिखें जिन्हें समझना आसान हो और आँखों को राहत मिले।

किताबी भाषा से बचें–यद्यपि, कदाचित, किंचित, यथोचित, अतैव, कदापि जैसे शब्दों से बचें।

अनुवाद करते समय ध्यान रखें कि हमारी भाषा अनुवाद की भाषा न लगे।

भाषा सरल सहज तो होगी लेकिन ज्यादा अनौपचारिक होने की कोशिश न करें।

भाषा न तो संस्कृतनिष्ठ होगी न ही उर्दू से भरी, जो आसान और प्रचलित शब्द हैं वही प्रयोग में लाएँ।

अंग्रेजी का शब्द लिखने से बात समझ में आती हो तो लिखें लेकिन हिन्दी में उपलब्ध विकल्पों पर अच्छी तरह ग़ौर करने के बाद ही।

क्षेत्रीय प्रभाव साहित्य में चलते हैं लेकिन पत्रकारिता में इससे अराजकता ही

फैलेगी।

अंग्रेजी, अरबी-फ़ारसी और संस्कृत के शब्दों का सही रूप लिखें—मिसाल के तौर पर कॉलेज लिखें कालेज नहीं, ज़रूरत लिखें जरूरत नहीं। हम वर्तनी और व्याकरण की शुद्धता से समझौता नहीं कर सकते।

सारे मुहावरे पूरी तरह स्पष्ट, सटीक और बी.बी.सी. के निष्पक्षता के पैमाने पर खरे नहीं उतरते, ओनलाइन ने मुहावरों के प्रयोग पर पाबन्दी लगा दी है, हमें ऐसा नहीं करना चाहिए लेकिन बहुत सोच-समझकर ही मुहावरों का प्रयोग करें।

अतिशयोक्ति, बयान या भारी-भरकम टिप्पणी जैसी लगनेवाली भाषा का प्रयोग बिल्कुल न करें।

बी.बी.सी. के सम्पादकीय मानदंडों—सच्चाई, निष्पक्षता और संवेदना का ध्यान हर वाक्य में रखें।

अंग्रेज़ी, उर्दू और संस्कृत के शब्द

अंग्रेज़ी के शब्दों को भी उनके उच्चारण के अनुरूप ही लिखें, कॉलेज लिखें कालेज नहीं। जिन अंग्रेजी शब्दों में नुक्ते की ध्वनि हो उन्हें नुक्ते के साथ ही लिखा जाएगा—फ़ोटो, फ़ादर, फ़ीचर, क्विज़, ज़ोन।

अंग्रेज़ी के एक से ज्यादा शब्दों को मिलाकर बननेवाले शब्दों को एक साथ मिलाकर लिखें, जैसे—फ़ोटोकॉपी, एक्सरे और पोस्टकार्ड आदि।

अंग्रेज़ी के शब्दों को अगर हिन्दी में बहुवचन में लिखना हो तो हिन्दी के हिसाब से लिखें—चैनल से चैनलों बनाएँ चैनल्स नहीं।

उर्दू के शब्दों को उनके प्रचलित शुद्ध रूप में ही लिखें, जहाँ नुक्ते हों वहाँ लगाएँ लेकिन जहाँ न हों वहाँ बिलकुल न लगाएँ। ऐसे शब्दों की एक सूची अलग से दी जा रही है जिसे ज़ैदी ने तैयार किया है।

उर्दू के वे शब्द जिनके बीच ए या ओ की ध्वनि हो उन्हें हमेशा मिलाकर लिखें। सर-ए-बाज़ार को सरेबाज़ार या रद्द-ओ-बदल को रद्दोबदल लिखें। लेकिन हम मसला ए कश्मीर जैसे प्रयोग नहीं करेंगे।

उर्दू के शब्दों का विशेषण बनाते समय सतर्कता रखें—ख़िलाफ़त, ख़िलाफ़ से नहीं ख़लीफ़ा से बना है, ख़िलाफ़त से विशेषण मुख़ालफ़त बनता है। उर्दू के सैकड़ों शब्द ऐसे हैं जो हिन्दी में चलते हैं लेकिन उनके विशेषण काफ़ी कठिन हो जाते हैं—सियासत तक तो ठीक है लेकिन आमतौर पर सियासतदानों से बचना चाहिए।

बहुवचन के मामले में भी ऐसी ही सतर्कता की ज़रूरत है। जहाँ बहुवचन आ रहा हो वहाँ उर्दू के शब्दों के साथ भी शैली हिन्दी की ही होगी। मिसाल के तौर पर, मसला का बहुवचन लिखना हो तो हम मसले ही लिखेंगे, मसाइल नहीं।

संस्कृत से आनेवाले शब्दों के मामले में भी ऐसी ही नीति होगी। अकस्मात्,

आपात्, वृहत्, आदि बिना हलन्त के लिखे जाएँगे।

विसर्गवाले शब्द बिना विसर्ग के लिखें जैसे दुःख के बदले दुख लिखें, अन्तःकरण जैसे शब्दों से बचें जिनमें विसर्ग हों लेकिन अन्ततः, क्रमशः और शब्दशः जैसे शब्द बिना विसर्ग के नहीं लिखे जा सकते।

अधिकारियों के पदों के नाम

एसपी—पुलिस अधीक्षक
डीएम—ज़िलाधिकारी या ज़िलाधीश
आइजी—पुलिस महानिरीक्षक
एडीशनल—अतिरिक्त
ज्वाइंट—संयुक्त
एक्टिंग—कार्यपालक या कार्यवाहक
एक्जिकिटिव—कार्यकारी
इंचार्ज—प्रभारी
डेप्युटी—उप
जूनियर—कनीय
सीनियर—वरीय
असिस्टेंट—सहायक या सह
मैनेजर—प्रबन्धक
सीईओ—मुख्य कार्यकारी अधिकारी
डाइरेक्टर—निदेशक, फ़िल्मों और नाटक आदि के मामले में निर्देशक
रजिस्ट्रार—इसे रजिस्ट्रार ही लिखें
कंट्रोलर—नियन्त्रण
डायरेक्टर जनरल—महानिदेशक
सेक्रेटरी—सचिव
सुपरिंटेंडेंट—अधीक्षक
हेड—प्रमुख या प्रधान
चेयरमैन—अध्यक्ष या किसी कार्यक्रम के मामले में सभापति

सेना के पदों का हिन्दी अनुवाद न करें और जहाँ तक सम्भव हो उनके पदों के नामों को ले.जन. की शैली में न लिखकर पूरा लिखें।

कई बार राष्ट्रपति या राज्यपाल के नाम के आगे महामहिम लगाया जाता है या फिर कई बार लोग माननीय सुप्रीम कोर्ट कहते हैं लेकिन हम ऐसा नहीं करेंगे।

संक्षिप्त नाम

संक्षिप्त नाम दरअसल अंग्रेज़ी की परम्परा है।

बहुत सारे संक्षिप्त नाम हिन्दी में प्रचलित हैं और हमें उनका अनुवाद करने की ज़रूरत नहीं है, जैसे सार्क या यूनेस्को या भेल, इन नामों को तोड़कर लिखना भी ठीक नहीं है जैसे एस ए ए आर सी।

समझने की सुविधा के लिए नामों का हिन्दी स्वरूप बनाया जा सकता है जैसे दक्षिण एशियाई क्षेत्रीय सहयोग संगठन यानी सार्क, लेकिन कई नाम ऐसे हैं जिनका अनुवाद करते समय सतर्कता की ज़रूरत है और यह भी देखना पड़ेगा कि उनका हिन्दी नाम किस रूप में प्रचलित है, जैसे डब्ल्यू एच ओ का अनुवाद विश्व स्वास्थ्य संगठन ही होगा विश्व सेहत संगठन नहीं।

हिन्दी में संक्षिप्त नाम बनाने की मशक्कत न करें क्योंकि यह हमारी परम्परा नहीं है। संयुक्त राष्ट्र के लिए सरा या अबि वाजपेयी लिखना ग़लत होगा।

इसी कारण हमें उप, मप्र या राजगज से बचना चाहिए, एनडीए, बीजेपी, सीपीआइ और सीपीएम में कोई परेशानी नहीं है लेकिन हम भाजपा चलाएँगे तो बात माकपा माले तक जाएगी। सवाल सही ग़लत का नहीं, एकरूपता का है इसलिए जहाँ तक सम्भव हो अंग्रेज़ी के संक्षिप्त नामों का उसी रूप में प्रयोग करें।

संक्षिप्त नामों के बीच में डोट्स लगाने की ज़रूरत नहीं है जैसे बीबीसी लिखें बी.बी.सी. नहीं।

जो नाम पूरे नाम के तौर पर प्रचलित हैं उन्हें छोटा न करें जैसे लालकृष्ण आडवाणी लेकिन जो नाम पहले से संक्षिप्त हैं उनका पूरा नाम देने की ज़रूरत नहीं है जैसे आर के नारायणन।

सामान्य समस्याएँ	**सुझाव**
संसद भंग कर दी गई है...	लोकसभा भंग होती है, संसद नहीं
बिहार के संसदीय कार्यमन्त्री ने...	राज्यों के मामले में विधायी कार्यमन्त्री
केन्द्रीय रक्षा, रेल, पेट्रोलियम, विदेशमन्त्री...	ये विभाग हमेशा केन्द्रीय होते हैं
स्वर्गीय नेता रामलाल...	दिवंगत कहना बेहतर होगा
प्रधानमन्त्री जो कि दौरे पर हैं, ने कहा...	प्रधानमन्त्री ने कहा है...वे दौरे पर हैं...
राहत और बचाव कार्य जारी...	पता किए बिना न लिखें
मेडागास्कर में हिंसा...	भौगोलिक स्थिति ज़रूर बताएँ
उन्होंने इस अवसर पर बोलते हुए कहा...	इस अवसर पर उन्होंने कहा
बड़ी मात्रा में लोग सीमा पार गए...	लोग संख्या में होते हैं
मानवाधिकार गुट का कहना है...	ग्रुप का अनुवाद गुट न करके संगठन करें

रक्षामन्त्री ने अन्तिम रिपोर्ट में...	फाइनल हमेशा अन्तिम नहीं होता
कामरेड सुरजीत ने कहा...	हम ऐसे सम्बोधनों से बचें
लोकरबी बमबारी में...	बम धमाके और बमबारी में फ़र्क है
वे पूर्व राज्यपाल रह चुके हैं...	वे राज्यपाल रह चुके हैं
कदाचित, तथापि, तत्पश्चात, तदुपरान्त, यथावत...	ऐसे शब्दों से बचें
तीस लाख डॉलर के चारा घोटाले में...	रुपए में बताएँ
पाँच मिलियन रुपए के मामले में...	लाख करोड़ में बताएँ
सेना के उपाध्यक्ष...	सैनिक रैंक लिखें
अल्पसंख्यक सरकार...	अल्पमत सकरार
वामदलों के अनुसार...	वामपन्थी दलों के अनुसार
दंगा पुलिस तैना कर दी गई...	दंगा-रोधी या निरोधक पुलिस कहें
संसद की कार्रवाई चल रही है...	प्रोसीडिंग को कार्यवाही कहें
पुलिस ने कार्यवाही की...	एक्शन को कार्रवाई कहें
रक्षामन्त्री द्वारा कहा गया...	रक्षामन्त्री ने कहा, सीधे वाक्य लिखें
मामले में उनका उलझाव है...	फँसे हैं, उलझे हैं, लिप्त हैं, शामिल हैं
पुलिस आयुक्त, उत्तरी जिला ने कहा...	उत्तरी जिला के पुलिस आयुक्त ने कहा
भीषण दुर्घटना में दो लोग मारे गए...	जब तक भीषण न हो, भीषण न कहें
यूएनडीपी ने अनुदान दिया...	पहली बार पूरा नाम बताएँ
उल्फा ने कहा...	अल्फा है, पूरा नाम हमेशा चेक करें
एफआइसीसीआइ के...	फिक्की कहें, प्रचलित नाम चलाएँ
जानकारी दिए जाने से इनकार किया...	देने में इनकार किया
इस घटना में जाँच के आदेश दिए...	घटना की जाँच
लन्दन, वाशिंगटन या दिल्ली इसे गलत मानता है...	राजधानी से देश का आभास न दें
दस जनपथ नाराज़ है...	सोनिया नाराज़ हैं, सीधी बात करें
तमाम नेताओं का कहना है...	तमाम का अर्थ है सभी, ज़्यादातर न कहें
बर्मा की सैनिक सरकार का...	जहाँ लोकतन्त्र न हो वहाँ प्रशासन कहें
उग्रवादियों ने प्रतिबन्ध लगा दिया...	प्रतिबन्ध सरकार लगाती हैं...रोक कहें
उग्रवादियों ने चेतावनी दी है...	चेतावनी और धमकी में अन्तर है
उड़ीसा तबाही की सम्भावना...	हमेशा आशंका लिखें
सरकार संकट से उभर रही है...	उबर रही है...समस्या तब उभरी...
निर्णय लिया...	निर्णय किया जाता है
पाँच लोग हताहत हुए...	ध्यान रहे मृत और घायल दोनों

	शामिल हैं
संसद के अन्तिम सत्र में...	समापन सत्र कहें
पिछले आठ सप्ताह से...	लगभग दो महीने बेहतर रहेगा
कांग्रेस पार्टी के अधिकारियों का...	कांग्रेस के नेताओं का कहना है
एक दर्जन लोग मारे गए...	बारह लोग...आदमी है केला नहीं

अंकों का प्रयोग

अंक हमेशा 1234 ही प्रयोग में लाए जाएँ, देवनागरी के नहीं।

एक से लेकर नौ तक की संख्याएँ अक्षर में लिखी जाएँ लेकिन जब मामला ईस्वी-सन्, तापमान, तारीख़ या शेयर के भाव का हो तो अंक में ही लिखें।

जब, 1,49,990 जैसी संख्याएँ सामने आएँ तो करीब डेढ़ लाख से काम चलाएँ।

जब पूरा अंक लिखने की मजबूरी हो तो अंक में ही लिखें, एक लाख उनचास हजार नौ सौ नब्बे लिखने से बचें।

पन्द्रह सौ न कहें, डेढ़ हज़ार कहें।

अंक और अक्षर मिलाकर लिखने से बचें, एक लाख 49 हज़ार न लिखें।

शीर्षकों, कैप्शनों, उप-शीर्षकों में अंकों का प्रयोग न करें।

19वीं, 25वीं के स्थान पर उन्नीसवीं और पचीसवीं लिखें।

मिलियन और बिलियन कभी नहीं—दस लाख और एक अरब लिखें।

डालर और पाउंड को हमेशा भारतीय मुद्रा में बदल कर लिखें, पहली बार रुपए के बाद डॉलर में भी लिखें लेकिन बाद में नहीं, मगर तब भारतीय मुद्रा की ज़रूरत नहीं जब मामला उसी मुद्रा विशेष के बारे में हो।

*परिशिष्ट-3**

उर्दू के ऐसे ढेर सारे शब्द हैं जिनका प्रयोग हिन्दी में भी सहज रूप से होता है। हम उर्दू के इन शब्दों को उनके सही उच्चारण के हिसाब से लिखेंगे यानी जहाँ कहीं भी नुक्ता है वहाँ हम ज़रूर लगाएँगे। यहाँ कुछ ऐसे शब्दों की सूची दी जा रही है जिनमें नुक्ता लगाया जाता है।

अगर कोई सन्देह हो तो उन साथियों से पूछ लें जिन्हें उर्दू का ज्ञान है या फिर उर्दू-हिन्दी शब्दकोष देखें लेकिन गलत तरीक़े से न लिखें।

अंग्रेज़ी, आख़िरी, अफ़वाह, अफ़सोस, अफ़सर, अख़बार, आज़माईश, आफ़त, अर्ज़ी, अन्दाज़, आवाज़, आज़ाद, आदमख़ोर...

इज़्ज़त, इज़ाजत, इत्तेफ़ाक, इंसाफ़, इलाक़ा, इन्तज़ार, इन्तज़ाम, इक़रार...

क़दम, क़ाबू, क़ैद, क़स्बा, क़त्ल, क़ातिल, क़ौमी, क़व्वाली, क़ीमत, क़िस्सा, क़ुदरत, क़ानून, क़ायम, क़द, क़ाबिल, कारख़ाना, क़यामत, क़ायदा, किफ़ायत...

ख़त्म, ख़ून, ख़ाली, ख़ुदा, ख़्वाहिश, ख़ुशी, ख़जाना, ख़तरनाक, ख़ानाबदोश, ख़ारिज, ख़िताब, ख़ौफ, ख़ूबी, ख़ूँखार, ख़बर, ख़ुफिया, ख़रीद, ख़ुदा...

ग़ज़ल, ग़ुस्सा, गिलाफ़, ग़ुलाम, गोताख़ोर, ग़ैर, ग़ौर, ग़ायब, ग़लत, ग़म...

चीज़, चीख़...

ज़बर्दस्ती, ज़ाहिर, ज़हर, ज़ालिम, ज़ख्मी, ज़ुल्म, ज़माना, ज़री, ज़रूरत, ज़िन्दगी, ज़िक्र, ज़िम्मा, ज़्यादा, ज़िद, ज़ोर, जहाज़, जनाज़ा, जायज़, ज़रिया...

तकलीफ़, ताल्लुक़, तफ़्तीश, तहख़ाना, तहक़ीक़ात, तारीफ़, तख़्त, तलाक़, तारीख़, ताक़त, तकाज़ा, तरफ़, ताज़ा, तन्ज़, तूफ़ान, तोहफ़ा...

दफ़ा, दर्ज़ी, दफ़्तर, दख़ल, दस्तावेज़, दरख़्वास्त, दिमाग़...

नफ़ा-नुक़सान, नब्ज़, नज़र, निज़ात, नज़ा, नमाज़, नक़ाब, नक़्शा, नाज़ुक, निज़ाम, नालायक़...

---

* यह सामग्री 'परिशिष्ट-2' में उदाहरण के रूप में आई है। यहाँ इसे स्वतन्त्र दिया गया है ताकि उर्दू उच्चारण और लेखन पर अतिरिक्त ध्यान जा सके। (सं.)

फ़ालतू, फ़लसफा, फ़ितरत, फ़ितूर, फ़ख्र, फ़ासला, फ़तह, फ़िजूल, फ़ारिग, फ़सल, फ़ौलाद, फ़ौरन, फ़साद, फर्ज़, फ़िजूलख़र्ची, फ़ायदा, फ़रोख़्त...

बाक़ी, बक़ाया, बाज़ी, बेरुख़ी, बाज़, बग़ावत, बाज़ार, बदहज़मी...

मज़ा, मज़ाक, मौक़ा मज़दूर, मंज़िल, महफ़िल, मर्ज़ी, मज़ार, मक़सद, मुफ़्त, मुताबिक, मुक़ाबला, मंज़ूर, माफ़ी...

राज़ी, रज़ामन्द, रफ़्तार, रमज़ान, रुख़, रोज़ा, राज़, रौनक़, रोज़गार, रेज़गारी, रोज़ाना...

सज़ा, सफ़ेद, सुर्ख़, साज़, साज़िश, सफ़ाई, सख़्त, सुराग़, सिफ़ारिश, शौक़, सफ़र...

हक़, हाज़मा, हज़ार, हाज़िर, हाज़िरी...

कुछ ऐसे शब्द हैं जिनको नुक्ता नहीं लगाया जाता

जबरन, फाँसी, फूल, वकील, अजीब, मस्जिद, जुर्म, मुजरिम, दर्जा, वजह, मजमा, जवाब, लहजा, फिर, फल...

परिशिष्ट-4

बीबीसी का श्रोता संसार

◻ कुलवंत कोछड़

अब से करीब छः दशक पूर्व जब बीबीसी वर्ल्ड सर्विस की हिन्दी सेवा, या जिसे तब हिन्दुस्तानी सर्विस के नाम से जाना जाता था, आरम्भ हुई थी, तब से लगाकर अब तक इसने बड़ी लम्बी यात्रा तय की है। भारत आजाद हुआ तो हिन्दुस्तानी सेवा का नाम जनवरी 1949 में बदलकर हिन्दी सेवा कर लिया गया। इस बीच अनेक परिवर्तन हुए हैं—राजनीतिक, भौगोलिक, ऐतिहासिक स्तर पर। विश्व एक ग्लोबल विलेज के रूप में बदल चुका है। भारतवर्ष भारत, पाकिस्तान, बांग्लादेश—तीन देशों में बँट चुका है। इधर जर्मनी की दीवार गिर चुकी है और पूर्व तथा पश्चिम जर्मनी का एकीकरण हो चुका है। समय के साथ ताल से ताल मिलाते हुए बीबीसी हिन्दी सेवा ने भी स्वयं को बदला है। आरम्भ में जहाँ प्रतिदिन केवल 45 मिनट के प्रसारण हुआ करते थे, वहीं आज अचला शर्मा की अगुवाई में पाँच भाषाओं में कुल 2 घंटे 25 मिनट के प्रसारण होते हैं, जिनमें समाचार, समसामयिक घटनाओं पर चर्चाएँ, कला और विज्ञान के कार्यक्रम प्रसारित किए जाते हैं। हिन्दी सेवा के प्रसारण अब इंटरनेट पर भी उपलब्ध हैं। इंटरनेट पर हिन्दी सेवा के कार्यक्रम सुननेवालों की संख्या में बड़ी तेजी से वृद्धि हो रही है। पिछले एक माह में ई-मेल से प्राप्त होनेवाले पत्रों की संख्या में चार गुना बढ़ोत्तरी हुई है।

हालाँकि 11 मई 1940 की दोपहर, यानी ब्रिटेन में विंस्टन चर्चिल के सत्ता में आने के एक दिन बाद जब बीबीसी हिन्दुस्तानी सेवा का प्रसारण हुआ था, तब इसका उद्‌देश्य उप-महाद्वीप के उन फौजियों तक समाचार पहुँचाना था जो द्वितीय महायुद्ध में बरतानवी सरकार की ओर से युद्ध में लड़ रहे थे। सुप्रसिद्ध भारतीय प्रसारक जुल्फिकार बुखारी द्वारा शुरू की गई हिन्दी सर्विस ने बाद में बलराज साहनी, जार्ज आरवेल और कालान्तर में पुरुषोत्तम लाल पाहवा, आले हसन, हरिश्चन्द्र खन्ना, रत्नाकर भारतीय जैसे दिग्गज प्रसारकों की देख-रेख में स्वयं को एक निष्पक्ष, निर्भीक, विश्वसनीय एवं स्पष्टवादी समाचार सेवा के रूप में स्थापित कर लिया। बीबीसी हिन्दी सेवा की यह छवि उत्तरोतर सुदृढ़ होती गई। एक अनुमान के अनुसार बीबीसी हिन्दी सेवा के श्रोताओं की कुल संख्या 2 करोड़ 40 लाख से भी अधिक है। इस सेवा की निरन्तर बढ़ती लोकप्रियता का अनुमान हर सप्ताह प्राप्त होनेवाले श्रोताओं के पत्रों

से सहज ही लगाया जा सकता है। ये पत्र भारत के कोने-कोने में बसे श्रोताओं के अलावा पाकिस्तान, बांग्लादेश, खाड़ी के देशों सहित अमेरिका और यूरोप में बसे भारतीय श्रोता लिख भेजते हैं। भारत से प्राप्त होनेवाले पत्रों में सबसे अधिक संख्या बिहार तथा झारखंड के श्रोताओं की है। इसके बाद उत्तर प्रदेश, पश्चिम बंगाल तथा उत्तर-पूर्वी राज्यों में बसे श्रोताओं के पत्र प्राप्त होते हैं। उदाहरण के लिए अगस्त माह में एक सप्ताह के दौरान भारत के प्रमुख प्रान्तों से प्राप्त होनेवाले पत्रों का प्रतिशत के आधार पर ब्यौरा इस प्रकार है :

बिहार तथा झारखंड	54 प्रतिशत
उत्तर प्रदेश व उत्तरांचल	20 ''
राजस्थान	10 ''
मध्य-प्रदेश	8 ''
अन्य	9 ''

बीबीसी हिन्दी सेवा का अर्थ भी अलग-अलग लोगों के लिए अलग-अलग है। जबकि यह सेवा क्राइसेस अथवा किसी महत्त्वपूर्ण अन्तर्राष्ट्रीय घटना के समय सभी बीबीसी तथा गैर बीबीसी श्रोताओं के लिए एक समान जरूरी हो जाती है, सामान्य स्थितियों में भी बीबीसी हिन्दी सेवा के कुछ लोगों के लिए 'अनिवार्य', कुछ के लिए 'अकेलेपन का साथी' तो किसी के लिए 'अन्तरंग साथी' से कम नहीं है। कुछ श्रोताओं का कहना है कि उन्होंने विशुद्ध हिन्दी का सही उपयोग बीबीसी हिन्दी सेवा से ही सीखा है, अतः जब यहाँ से भाषा सम्बन्धी त्रुटियाँ होती हैं, तो उन्हें बेहद कष्ट होता है।

कुछ श्रोता, विशेषकर विद्यार्थी तथा भारतीय प्रशासनिक सेवा व अन्य प्रतियोगी परीक्षाओं के लिए बीबीसी हिन्दी सेवा को अत्यन्त महत्त्वपूर्ण मानते हैं। उन पिछड़े इलाकों के श्रोता, जहाँ अखबार व टेलीविजन अथवा प्रचार-प्रसार की अन्य सुविधाओं का अभाव है, बीबीसी हिन्दी सेवा सूचना व समाचार का एकमात्र साधन है, एक तरह से लाइफ-लाइन है।

बीबीसी हिन्दी सेवा का इसके श्रोताओं के लिए क्या महत्त्व है और इसके प्रति उनका क्या सोच है व बीबीसी से उनकी क्या आकांक्षाएँ हैं, इसका अन्दाजा अगले पृष्ठों पर संकलित कुछ पत्रों से लगाया जा सकता है।

पत्र-1

बीबीसी विवेचना

केसिंगा
30.8.2001

आदरणीय अचला दीदी, नमस्कार

दिनांक 30 अगस्त को प्रस्तुत "विवेचना" के अन्तर्गत कन्या भ्रूण हत्या के लिए अपनाए जानेवाले तमाम तौर-तरीकों के बारे में जानकर चिन्ता हुई। यदि इन तरीकों पर तुरन्त रोक लगाए जाने (हेतु) प्रभावी कदम न उठाए गए तो निश्चित ही वह दिन दूर नहीं, जब नर-नारी का यह सुन्दर प्राकृतिक सन्तुलन बिगड़ जाएगा और विधना की सृष्टि केवल पुरुषों की हो जाएगी। और उसके बाद शायद सृष्टि-विराम ! विवेचना प्रस्तुति हेतु धन्यवाद !

—सुरेश अग्रवाल
केसिंगा (उड़ीसा)

पत्र-2

बीबीसी गुरुजी

6-8-20001

सादर प्रणाम !

मैं राजस्थान राज्य के झुंझुनू जिले के एक छोटे से गाँव तिलोका का बास में रहता हूँ। बीबीसी से मेरा परिचय लगभग दस वर्ष पहले तब हुआ जब मेरे बड़े भाई साहब जो कि अध्यापक हैं, बीबीसी सुनते थे। उस समय राष्ट्रीय और अन्तर्राष्ट्रीय घटनाओं की अधिक जानकारी न होने के कारण मुझे बीबीसी के समाचार ज्यादा समझ में तो नहीं आते थे लेकिन बीबीसी सुनने का अप्रत्यक्ष लाभ मुझे यह हुआ कि मेरी लिखने और बोलने की शैली परिमार्जित हो गई, फलस्वरूप मैं हर वर्ष मेरी कक्षा में अव्वल आता था।

बारहवीं कक्षा उत्तीर्ण करने के बाद तो मैं बीबीसी और वॉयस ऑफ अमेरिका का नियमित श्रोता बन गया। परिणामस्वरूप कला वर्ग के विषयों में मेरी रुचि बढ़

गई। अतः मैंने राजनीति विज्ञान, इतिहास और लोकप्रशासन विषयों से ग्रेजुएशन करने का निश्चय किया। किन्हीं कारणों से मैं नियमित अध्ययन के लिए किसी कॉलेज में दाखिला नहीं ले सका, अतः स्वयंपाठी छात्र के रूप में मैंने मेरी पढ़ाई जारी रखी। लेकिन हकीकत में मैं स्वयंपाठी नहीं था बल्कि बीबीसी मेरी वास्तविक शिक्षक थी, है और रहेगी।

और अब जबकि मैंने ग्रेजुएशन पूरी कर ली है, मुझे रेडियो में छुपे मेरे अमूर्त शिक्षक को ये सूचित करते हुए परम हर्ष हो रहा है कि मैंने राजस्थान विश्वविद्यालय की वरीयता सूची में आठवाँ और लड़कों में पहला स्थान हासिल किया है। परम श्रद्धेय गुरुजी को सादर प्रणाम !

युवा वर्ग से मेरा यह आग्रह है कि अगर वे अपने जीवन में कुछ हासिल करना चाहते हैं तो बीबीसी की शरण में आएँ। यहाँ खोने के लिए कुछ भी नहीं है जबकि पाने के लिए बहुत कुछ है। इस कामना के साथ कि गुरु-शिष्य का यह सम्बन्ध सदियों तक बना रहे।

बीबीसी का शिष्य,
सुशील कुमार कुलहरि
गाँव–तिलोका का बास
जिला–झुंझुनू (राज.)
फोन : 01595-65025

(कृपया पत्र के पीछे विश्वविद्यालय की वरीयता सूची देखें।)

पत्र-3

बीबीसी : खेल-खिलाड़ी

नई दिल्ली
31-07-2001

'आपका पत्र मिला' के प्रस्तुतकर्ताओं को नमस्कार

मैं हूँ शम्भु कुमार, साऊथ गणेश नगर, दिल्ली से अपनी प्रतिक्रियाओं के साथ,

खेल और खिलाड़ी की सबसे बड़ी खासियत है कि इसमें खेलों के बारे में जो भी जानकारी या रिपोर्टिंग की जाती है उसे सुनकर यह महसूस नहीं होता कि हम रेडियो पर घर बैठे यह रिपोर्टिंग सुन रहे हैं, बल्कि हमें ऐसा महसूस होता है कि हम उस खेल को अपनी आँखों से देख रहे हों। हम उन खेलों के मैदान मे जाकर दर्शक बन जाते

हैं। इतनी सटीक व जीती-जागती रिपोर्टिंग के लिए विजय राणा जी को धन्यवाद।

दिनांक 30 जुलाई के खेल और खिलाड़ी में विजडन क्रिकेट मासिक पत्रिका द्वारा जारी की गई 100 महान बल्लेबाजी व गेंदबाजी प्रदर्शनों की सूची जारी करने पर विजय राणा तथा कमर अहमद की बातचीत सुनी। सुनकर घोर आश्चर्य हुआ। क्रिकेट की बाइबिल का दर्जा प्राप्त विजडन क्रिकेट मासिक पत्रिका द्वारा 100 महान बल्लेबाजों में सचिन तेंदुलकर का नाम न देना घोर आश्चर्यजनक बात है। जबकि होना तो यह चाहिए था कि सर डॉन ब्रेडमैन के बाद सचिन का नम्बर होना चाहिए था। जैसा कि खुद विजडन के पूर्व सम्पादक डेविड फ्रिथ ने भी इसे अज्ञानतापूर्ण संकलन कहा है। अतः विजडन द्वारा जारी सूची नए विवादों को जन्म देगी, इसमें कोई शक नहीं। अन्त में पुनः खेल और खिलाड़ी की मैदान-दर-मैदान रिपोर्टिंग के लिए विजय राणा जी को धन्यवाद।

धन्यवाद सहित,

शम्भु कुमार
बीबीसी हिन्दी सेवा नियमित श्रोता,
5-ए, गली नम्बर-1,
साउथ गणेश नगर,
दिल्ली-110 092

पत्र-4

विश्व में फैली बीबीसी

मैं आपका नियमित श्रोता हूँ। आपके हिन्दी समाचार निश्चित रूप से उन विषयों की तमाम जानकारी देते हैं, जो विषय हमारे जीवन को प्रभावित करते हैं। आपकी स्पष्ट हिन्दी सुनकर तो बड़ा आनन्द मिलता है। हम टीवी पर समाचार सुनते हैं, लेकिन वह समाचार हमें हर दिन की तरह हर रोज लगते हैं। लेकिन बीबीसी हिन्दी सेवा के समाचार हर दिन कोई न कोई नई खबर लेकर आते हैं। इससे हमारे सामान्य ज्ञान को बढ़ावा मिलता है।

मेरा सबसे लोकप्रिय कार्यक्रम 'खेल और खिलाड़ी' है। यह कार्यक्रम हम सब दोस्त एक साथ बैठकर देखते हैं। क्रिकेट के मैच के दौरान हमें सीधा स्कोर सुनना हो तो बीबीसी पर ही मिलता है।

मैं महाराष्ट्र राज्य का रहनेवाला हूँ। और इस राज्य में जिला पुने है और उसमें मेरा छोटा सा गाँव है 'बोरी'।

मैं और मेरे साथी मित्र रेडियो के सामने बैठकर बीबीसी की अद्‌भुत दुनिया की सैर पर निकलते हैं, लगता है यह एक सफर यूँ ही चलता रहे लेकिन समय हमें रोक देता है।

दुनिया-भर की घटनाओं से लेकर भारत में घटी घटनाओं का ताजा विश्लेषण देनेवाली बीबीसी हिन्दी सेवा ही है।

और हमारी रोजमर्रा के जीवन में अर्थ भर देती है।

मेरा भाई अविनाश भी आपका नियमित श्रोता है।

यह मेरा छोटा सा पत्र 'आपका पत्र मिला' इस कार्यक्रम में शामिल करें। मुझे बीबीसी हिन्दी सेवा की कार्यक्रम पत्रिका भेजे, ताकि नए समय पर सुनाए जानेवाले कार्यक्रम मैं ध्यान से और ठीक से समय पर सुन सकूँ।

मेरी एक छोटी सी कविता बीबीसी के नाम :–

"बीबीसी विश्व में फैली बीबीसी"
गाँव-गाँव है पहुँची,
हमारी प्यारी बीबीसी-बीबीसी ॥
विश्व से लाती खबर खोज,
हमें सुनाती खबर रोज,
इसलिए है लगती प्यारी।
हमारी प्यारी
बीबीसी-बीबीसी
विश्व में फैली बीबीसी।"

आपका श्रोता
सचिन उल्हास कवाटके
पो. बोरी
टाल-इन्दापुर
जिला पुणे–413104

पत्र-5

बीबीसी हिन्दी परिवार

सर्वप्रथम बीबीसी हिन्दी सेवा के सभी सदस्यों को मेरा सप्रेम नमस्कार स्वीकार हो। मैं बीबीसी का लगभग 1990 से नियमित स्रोता हूँ। उस समय उर्दू सेवा के "शफ़ी नक़ी जामी" हिन्दी सेवा में ही थे। एक दो पत्र पहले भी आपके प्रोग्राम में भेजे थे, पर आपके

कार्यक्रम में वो पत्र शामिल नहीं हुए इस कारण फिर बाद में कभी आपको पत्र लिखने की हिम्मत नहीं हुई। अब एक बार फिर कोशिश कर रहा हूँ, अब अगर इस बार भी पत्र शामिल नहीं हुआ तो समझूँगा कि शायद मेरा पत्र ही इस लायक नहीं था कि कार्यक्रम में स्थान पा सके।

शुरुआत इसी बात से करता हूँ कि बीबीसी हिन्दी परिवार का हिन्दी के प्रति लगाव देखते ही बनता है। आपके वाक्यों में जो शुद्ध हिन्दी शब्दों का प्रयोग होता है वैसा तो यहाँ आकाशवाणी में भी नहीं मिलता। आवाज तो आप लोगों की अलग ही है, रेडियो लगाओ तो आपके स्टेशन पर घुंडी खुद-ब-खुद रुक जाती है। 12 या 13 जुलाई को हिन्दू उर्दू सेवा का संयुक्त कार्यक्रम सुना, बहुत ही अच्छा लगा। आपने दोनों देशों के व्यक्तियों की खुली राय से अपने श्रोताओं को अवगत कराया।

अब आपके अन्य कार्यक्रमों पर बात की जाए, विज्ञान व विकास में वो ताजगी अब नहीं रही जो कुछ समय पूर्व थी। एक तो आपने इसका शुरुआती संगीत बदल दिया जो पूर्व में बहुत ही अच्छा था, शायद अभिसार जी शिवकान्त की जगह न भर सके हों। मधुकर उपाध्याय जी ने क्या अब संन्यास ले लिया है उनके द्वारा प्रस्तुत 'भारतनामा' कार्यक्रम कृपया फिर से सुनवाने की कृपा करें, 41 मी. बैंड पर आजकल आपके कार्यक्रम सुनाई नहीं दे रहे हैं, कृपया इसे सही करें, क्योंकि इसी पर आपके कार्यक्रम सबसे अच्छे सुनाई देते हैं। अन्त में अचला शर्मा, सीमा चिश्ती, सलमा जैदी, संजीव श्रीवास्तव, कुर्बान अली, शफ़ी नकी जामी (उर्दू सेवा) आदि को मेरा सप्रेम नमस्कार।

प्रेक्षषु : रोशन सिंह कैन्तुरा
नैनबाग, टिहरी गढ़वाल (उत्तरांचल)

पत्र-6

बीबीसी नम्बर वन

23-7-2001
हिलसा बिहार से मो. गोल्डन अंसारी

'आपका पत्र मिला' कार्यक्रम प्रस्तुत करनेवाली अचला शर्मा नमस्कार। बीबीसी हिन्दी सेवा के प्रसारण उर्दू भाषा और इंग्लिश भाषा के शब्द का समावेश रहता है। रिपोर्ट में उर्दू और इंग्लिश शब्द का प्रयोग किया जाता है। कई रिपोर्ट ऐसे होते हैं जिसमें हिन्दी शब्द का प्रयोग एक शब्द नहीं किया जाता है। इस गलती पर हमने बहुत सारे पत्र भेजा लेकिन उर्दू, इंग्लिश शब्द का प्रयोग नहीं रोका गया जिस रिपोर्ट में इंग्लिश, उर्दू शब्द

का प्रयोग किया जाता है वह रिपोर्ट मैं समझ नहीं पाता हूँ। अर्थात स्वच्छ हिन्दी सेवा का प्रसारण करे। हिन्दी सेवा को हिन्दी सेवा ही रहने दें। हिन्दी सेवा को मिश्रण भाषा सेवा न बनाएँ। चौथी सभा एक हफ्ता से नहीं सुन रहा हूँ। आपने बिना घोषणा किए चौथी सभा बन्द क्यों कर दिया। एक हफ्ता से 219,41,25,19, मीटर पर बीबीसी सेवा को 7 बजकर 30 मिनट से लेकर सवा आठ बजे तक खोजता रहता हूँ। लेकिन बीबीसी हिन्दी सेवा का प्रसारण नहीं पकड़ता है। क्या अब चौथी सभा केवल इंटरनेट पर प्रसारित किया जाता है। रेडियो पर प्रसारित नहीं किया जाएगा। इसका घोषणा पहली सभा, दूसरी सभा, तीसरी सभा या पाँचवीं सभा में कर दें। मैं रोज 45 मिनट बीबीसी पकड़ाने में परेशान रहता हूँ। उससे छुट्टी मिल जाएगी।

बीबीसी रेडियो स्टेशन का और कोई रेडियो स्टेशन विकल्प नहीं है। बीबीसी विश्व का नम्बर वन स्टेशन रेडियो है। इसका कोई टक्कर नहीं। आपने हमें मेरे पते पर कार्यक्रम सूची भेजा इसके लिए बहुत-बहुत धन्यवाद।

पत्र-7

साठ के दशक से

25.07.01
श्रीशचन्द्र भट्ट
कुमायँ कुटीर यूमारिया 484661 (म.प्र.)

प्रिय महोदय,

बीबीसी (हिन्दी सेवा) की कार्यक्रम विवरणी प्राप्त हुई। एतदर्थ धन्यवाद।

मैं बीबीसी का पुराना 'अमली' हूँ। मेरी तरह लाखों हैं जो शायद ही कभी आपको लिखते होंगे। बीबीसी कार्यक्रमों ने न केवल मुझे अपडेट रहने में सहायता दी, बल्कि मेरी शासकीय सेवा में अगले उच्चपद पर प्रमोशन के लिए आयोजित साक्षात्कार में भी सहायता दी थी। यह बात 1960 के दशक के उत्तरार्द्ध की है।

मुझे आपकी प्रचार सामग्री जो समय पर प्रकाशित होती है पाकर बेहद खुशी होगी। शुभकामनाओं सहित।

भवदीय
श्रीशचन्द्र

पत्र-8

सदैव अग्रणी

पटना-6
27 जुलाई, 2001

'आपका पत्र मिला' कार्यक्रम के प्रस्तुतकर्ता को मेरा सादर व सप्रेम अभिवादन। दूसरी सभा आज के दिन में प्रसारित संजय जी की विशेष रिपोर्ट पुस्तक के प्रति घटती रुचि व इलेक्ट्रानिक मीडिया के प्रति बढ़ता लगाव सुना। इस रिपोर्ट की शुरुआत रूसी विचारक के शब्दों से की गई। इसमें यह बताया गया कि इस वर्ष को पुस्तक वर्ष के रूप में मनाने का निश्चय किया गया है। रिपोर्ट में महँगी पुस्तकें, आम आदमी से दूर होती पुस्तक की दुकान, अच्छे बाल साहित्य का अभाव आदि का जिक्र किया गया। संजय जी ने आशानुकूल रिपोर्ट प्रस्तुत किया ऐसें विशेष रिपोर्ट प्रस्तुत करने के लिए मैं संजय जी को धन्यवाद देता हूँ।

आज तो ऐसा है कि पुस्तक महँगी है। साहित्य से सम्बन्धित पुस्तकों के दाम देखते ही आम जनता (लोग) पुस्तक खरीदने से इनकार या कतराने लगते हैं। युवा लोग जो थोड़ा भी कम्प्यूटर के बारे में जानते हैं। मामूली धन खर्च कर मनपसंदीदा बेवसाइट देखते हैं। आमलोग के रुचि पुस्तक के प्रति पुनः जगे उसके लिए कोई न कोई कारगर कदम उठाना पड़ेगा ही। आगे दो बातें और सुनीं। उसके लिए बीबीसी को धन्यवाद देने का मन हो आया।

पहले तो खेल समाचार के अन्तर्गत क्रिकेट की बाईबिल विजडन में वीवीएस लक्ष्मण व अनिल कुम्बले का नाम दस क्रिकेट खिलाड़ी के अन्तर्गत रखा गया है यह समाचार भारतीय क्रिकेट प्रेमी के लिए गौरवान्वित वाली बात है। सभा के अन्त में जाते-जाते रूपाजी ने वार्सिलोना में बम-विस्फोट की सूचना दी। इससे यह साबित हुआ कि बीबीसी तो समाचार देने में सदैव अग्रणी रही। इसका सबूत हमेशा मिलता ही रहता है। समाचार कवरेजिंग का ढंग आपका सबसे अलग व बेहतरीन है। इन्हीं सब कारण से जब भी कोई महत्त्वपूर्ण घटना घटती है तो लोग सिर्फ बीबीसी सुनने को प्राथमिकता देते हैं। इसके बाद ही कोई दूसरा प्रसारण व चैनल सुनते हैं।

आपका श्रोता—पवन कुमार 'पंकज'
पिता—श्री तपेश्वर प्रसाद सिंह
गाँव—चाँदपुरा, भया, चकसिकन्दर
जिला—वैशाली (बिहार) 844115

पत्र-9

गागर में सागर

ॐ श्री गणेशाय नमः
दिनांक 27-7-2001

बीबीसी के द्वारा प्रसारित सभी कार्यक्रम का मैं नियमित श्रोता हूँ। आपका कार्यक्रम गागर में सागर भरने जैसा कार्य करता है क्योंकि विश्व के कोने-कोने से तमाम पेचीदी व रहस्यमय घटनाओं से परिपूर्ण आपका कार्यक्रम बहुत सराहनीय है। साथ ही महत्त्वपूर्ण घटनाओं की समीक्षा व परस्पर बातचीत अतुलनीय है। साथ ही मैं आपके सभी कार्यक्रम प्रस्तुतकर्ताओं की अनुपम वाक्पटुता पर धन्यवाद देता हूँ।

शैलेन्द्र कुमार
जिला—बाराबंकी, उत्तर प्रदेश

पत्र-10

आपसे मिलिए

'आपसे मिलिये' 3 अगस्त, मैगससे पुरस्कार से सम्मानित राजेन्द्र सिंह से अनीस अहलूवालिया की बातचीत सुनी जो प्रेरणीय लगी।

"प्यासे हो तो बादल भी रखो पास में,
ये दुनिया है विरासत में कुआँ कोई देता नहीं॥"

राजस्थान की जनता के लिए बादल एवं कुआँ बनकर जन-जन की प्यास बुझाने का राजेन्द्र सिंह का संकल्प अत्यन्त सराहनीय है, रेत में पानी के ख्वाब को साकार कर दिखाया।

इस मुलाकात के लिए हार्दिक धन्यवाद।

कृपया महशूर गजल गायक मेंहदी हसन जी से रू-ब-रू कराएँ।

आपका शुभेच्छु
हरिकुमार सिंह चौहान अखिलेश
(डोमा, काल्पी, उ.प्र.)
4 अगस्त, 2001

पत्र-11

हिन्दी उर्दू संयुक्त प्रसारण-I

सी.के. रोड आरा,
बिहार से ब्रजेश कुमार पांडेय
14.7.2001

आदरणीय अचला दीदी,

सप्रेम नमस्कार।

आप और शफ़ी नकी जामी साहब जैसे सशक्त प्रस्तुतकर्त्ताओं की जोड़ी ने दिल्ली और इस्लामाबाद में बैठे समीक्षकों तथा पूरी पृथ्वी पर पसरे श्रोता-वर्ग के विचारों का ऐसा अद्‌भुत सम्मिश्रण प्रस्तुत किया जो चिरकाल तक याद रखा जाएगा। इस प्रस्तुति ने यह जता दिया कि सूचना क्रान्ति के इस दौर में रेडियो को कोई खतरा नहीं है यदि क्रान्ति का सहचर बनकर रेडियो के लिए उसका सदुपयोग किया जाए।

दो घंटे की इस हिन्दी-उर्दू सेवा की संयुक्त सभा के शुरुआत से समापन तक समाहित लयबद्धता ने, दो घंटे कब समाप्त हो गए पता ही नहीं चलने दिया। चार उपखंडों में विभाजित इस कार्यक्रम का प्रत्येक खंड व्यापक विचार फलक लिए हुए था। और सबसे अधिक दर्शकीय (श्रवणीय) था लोक-मन्तव्यों का सन्तुलित प्रस्तुतिकरण ताकि किसी पक्ष को आपसे कोई शिकायत न रहे। मैं और मुझ जैसे आपके लाखों करोड़ों श्रोता भारतीयों और पाकिस्तानियों की राय एक दूसरे देश के बारे में उन्हीं की जुबान से सुन सके, यह एक सुअवसर से कम न था।

लेकिन इस सम्पूर्ण आयोजन में मुझे निराश किया गया। साधारण ई-मेल की तुलना में तीन गुना खर्च करके मैंने अपना पत्र स्कैन कराकर ई-मेल किया लेकिन पत्र का तिहाई हिस्सा भी नहीं पढ़ा गया। मेरा विचार भारत-पाक के परमाणु सम्पन्न होने के बाद असुरक्षित महसूस करने के सम्बन्ध में था। मुझे उस पत्र से और आपसे पूरी उम्मीद थी। लेकिन हाथ लगी निराशा। लेकिन आशावादी हृदय कह रहा है कि वह पत्र कभी न कभी पढ़ा जाएगा।

अन्त में अचला दीदी आपको और शफ़ी भाई को जबर्दस्त प्रस्तुति के लिए बहुत-बहुत धन्यवाद।

आपका अभिन्न श्रोता
ब्रजेश कुमार पांडेय

पत्र-12

हिन्दी उर्दू संयुक्त प्रसारण-II

हिन्दू-उर्दू का संयुक्त प्रसारण गहरे प्रतीकात्मक अर्थों को अभिव्यंजित करने में कामयाब रहा। जिन्हें धार्मिक-साम्प्रदायिक महानताओं पर गौरव की अनुभूति होती हो, उनकी तो नहीं कह सकता। लेकिन जो भी इस देश की मिट्टी से, संस्कृति से सच्ची मोहब्बत करनेवाला होगा, उसे जरूर सुख का अहसास हुआ होगा। मैं तो अभिभूत था, रोमांचित था, यही तो वह ज़बान है, यही तो वह सपना है, जिसकी तलाश में मैं पिछली पीढ़ियों की बेचैनी आत्मसात कर बचपन से भटक रहा हूँ।

काश ! इन चार घंटों को रिकार्ड कर पाता। लोगों की जो भागीदारी हुई, उसने तो विशेष प्रसारण को और भी विशिष्ट बना दिया। (आज यह खत मैं पूरा कर देना चाहता हूँ, इसलिए व्याकरण के नियमों से पीछा छुड़ाकर लिख रहा हूँ।) विशेष प्रसारण में मैंने एक बात विशेष तौर पर नोट किया कि पाकिस्तान की आम आवाम का रिएक्शन उतना कटु नहीं था। लेकिन भीतर कहीं गहरी पीड़ा इस बात से हुई कि भारत के लोगों के भीतर श्रेष्ठताबोध कुछ अधिक दिखा। पाकिस्तान के लोग अपनी सांस्कृतिक जड़ों से जुड़ने के लिए भावनात्मक तौर पर बेचैन थे, मगर भारत के लोगों में वर्चस्वकारी अहं ऐसा था कि उन्हें पाकिस्तान के आतंकवादी कारनामों के सिवाय कुछ नजर नहीं आ रहा था। क्या यह बहुसंख्यकों में बढ़ती संकीर्णता का द्योतक है ?

यह फिर साबित हुआ है कि पाकिस्तान की आम आवाम आज भी अच्छे रिश्ते चाहती है। यदि शासन में उसका हस्तक्षेप अधिक से अधिक बने तो हिन्द-पाक रिश्ते के लिए यह शुभकर होगा। जहाँ तक भारत की बात है यहाँ जो संकीर्ण सांस्कृतिक राष्ट्रवाद का गदर मचा है, उससे निबटते हुए जनता की बुनियादी मुद्दों को महत्त्व देनेवाली गोलबंदी बढ़ानी होगी। ऊपर-ऊपर दिखनेवाली संकीर्णता और कठमुल्लापन के बावजूद पाकिस्तान के भीतर एक लोकतान्त्रिक सांस्कृतिक चेतना दिखी, जबकि ऊपरी उदारता के बावजूद भारत में अपेक्षाकृत उसकी कमी नजर आई। ऐसा क्यों है, इस बारे में सोचना चाहिए। इस बार के विशेष प्रसारण ने मुझे कुछ झटका तो दिया ही है। मैं सोचता था कि बराबर की बेकरारी है कि रिश्ते सुधर जाएँ। लेकिन अगर टेलीफोन कॉल्स को आधार माना जाए तो ऐसा लगता है कि भारत की आवाम कुछ कम बेकरार है।

खैर,

अचलाजी, इस मौके पर आपने फ़हमीदा रियाज की वह रचना क्यों नहीं सुनाई ? वही—'तुम तो बिलकुल हम जैसे निकले,...'

हम कैसे निकले, अचलाजी ?

भारतीय उपमहाद्वीम में अमन और एकता क्या महज एक यूरोपियन है ?

क्या यह यूरोपियन ही बनकर रह जाएगा ?

जहाँ तक हम जीवित हैं, हमारे जैसे लोग जीवित हैं, तब तक तो यह सपना जीवित रहेगा ही। देखिए, अगली पीढ़ी को इस सपने की विरासत कितनी मिलती है। सपना है, बेचैन हकीकत, बन जाने के लिए देखिए कब साकार होता है। कितनी पीढ़ियाँ लगती हैं इसमें !

उर्दू सेवा के लिए भी खत लिखने का इरादा था अलग से। पर अलग से क्या लिखना। यह खत हिन्दू-उर्दू दोनों प्रसारणों के नाम है। कहने को बहुत कुछ है, पर वक्त की मजबूरी है।

अचला जी, मेरी अशेष बधाई हिन्दू-उर्दू सेवा के सभी साथियों तक पहुँचा दीजिए। कभी मौका लगे तो इसके चुने हुए अंशों को फिर से सुनाइएगा। आपके रेडियो नाटक 'रिश्ता' की भी याद आई इस मौके पर–

शेष फिर–
सुधीर कुमार
18-7-01
अधौरा, कैमूर, (भभुआ)

पत्र-12

श्रीलंका चर्चा

सी.के. रोड आरा,
बिहार से ब्रजेश कुमार पांडेय
26.7.2001

आदरणीय अचला दीदी,

सप्रेम नमस्कार।

शोणित सनित श्रीलंका में शान्ति स्थापना के प्रयासों पर शिवकान्त द्वारा प्रस्तुत 26 जुलाई की विवेचना सुनकर यह अहसास हुआ कि अशान्ति के इस अविरल सिलसिले को अनवरत जारी रखने के दोषी सरकार और सिंघली दोनों हैं। कभी शान्ति और सुलह का स्वप्न दिखाकर सत्तासीन हुई चन्द्रिका कुमार तुंगे अपने प्रयासों से दो कदम पीछे होती हैं तो कभी लिट्टे ताल ठोंकने लगते हैं। और शान्ति प्रक्रिया बस पेंडुलम की तरह इस पक्ष से उस पक्ष की ओर आती जाती रहती है। लेकिन राष्ट्र में शान्ति स्थापित करने की पूरी जिम्मेवारी सरकार की होती है और सरकार को शान्ति

बहाली हेतु सतत प्रयासरत रहना होता है। तब श्रीलंकाई सरकारी महकमे का यह बेरुखा रवैया उसकी अकुशलता और अदूरदर्शिता का परिणाम है।

शिवकान्त जी ने रविप्रसाद एवं अन्य सुविज्ञों से बातचीत कर विवेचना के इस अंक को सन्तुलित करने का सफल प्रयास किया। उत्कृष्ट कार्यक्रम प्रस्तुति के लिए शिवकान्त जी को बहुत-बहुत धन्यवाद। लेकिन क्या यह सन्तुलन अनिर्णय और ऊहापोह का अन्तर्द्वंद्व पैदा नहीं करता ?

आपका अभिन्न श्रोता
ब्रजेश कुमार पांडेय
26.7.2001

पत्र-13

बायो-टेक्नोलोजी चर्चा

24-5-2001
प्रेषक : गोलपहाड़ी जमशेदपुर के श्री जंगबहादुर सिंह

आदरणीय अचला जी

सादर प्रणाम।

दिनांक 24/7/2001 को 'आज के दिन' में श्री मलय निरज जी से बॉयो टेक्नोलॉजी पर एक विशेष रिपोर्ट सुना।

रिपोर्ट उच्च टेक्नोलॉजी पर आधारित था इसलिए उसके निहितार्थ को ठीक से समझ नहीं पाया। मगर जो समझ पाया उस पर आप लोगों का थोड़ा स्पष्टीकरण चाहूँगा।

बताया जाता है कि बॉयो टेक्नोलॉजी के सहारे गुरबत को दूर किया जा सकता है। फसल में इजाफा करके। यहाँ प्रश्न उठता है कि गरीबी कैसे दूर होगा। कृषि उत्पाद तो आज भी आवश्यकता से अधिक है। सरकारी गोदाम अनाजों से अटा पड़ा है। यहाँ तक के अनाज सड़ रहा है। पैदावार दस गुना भी बढ़ जाएगा तो क्या होगा। गरीब को तो मुफ्त में तो अनाज नहीं मिलेगा।

गरीबी तो दूर तभी होगा जब उनके पास पर्चेजिंग पावर होगा, और ये पावर मनी से आएगा। बॉयो टेक्नोलॉजी से नहीं।

पत्र-14

विज्ञान-विकास

ॐ श्रीह्रींक्लीं सरस्वतये नमः
पत्र संख्या 2854
22-2-01 टमकोर

आदरणीय अचलाजी,
सादर अभिवादन,

इन दिनों विज्ञान और विकास कार्यक्रम से रुचि हटाई जा रही है। पहले इसके प्रत्येक अंक में कई रिपोर्टें शामिल हुआ करती थीं, परन्तु अब मात्र 2 या 3 रिपोर्टें शामिल होती हैं। 21 जुलाई के अंक में भी मात्र 2 रिपोर्ट शामिल थीं। यह सत्य है कि जिन विषयों पर रिपोर्ट शामिल की जाती है, उन पर विस्तार से जानकारी मिल जाती है। परन्तु एक सप्ताह के दौरान और भी काफी कुछ जानकारियाँ इस क्षेत्र में नई पनपती हैं, निवेदन है कि रिपोर्टें कुछ ज्यादा शामिल की जाएँ—विस्तार से एक विषय पर ही रिपोर्ट पर्याप्त है।

सुरेश बरनवाल
टमकोर (झुंझुनू)

पत्र-15

बीबीसी वेबसाइट प्रसारण

मधेपुरा
29.07.2001

'बीबीसी हिन्दी सेवा' परिवार को मेरा नमस्कार !

अभी-अभी आपके द्वारा प्रसारित कार्यक्रम 'आपका पत्र मिला' सुना। सुनकर पत्र लिखने के लिए विवश हुआ।

कार्यक्रम में पिछले दिनों हिन्दी व उर्दू सेवा की सम्मिलित प्रस्तुतीकरण पर चर्चा हो रही थी। कार्यक्रम कैसा था, मेरे कहने का विषय यह नहीं है।

कई श्रोता भाइयों ने शिकायत की थी कि उस दिन (जिस दिन हिन्दी-उर्दू सेवा

का सम्मिलित प्रस्तुतीकरण था) रेडियो से बीबीसी की आवाज ही नहीं आई। बात सही है। लाख घुंडी घुमाई पर मेरे रेडियो ने भी बीबीसी नहीं पकड़ा और उसी दिन क्या अगले तीन-चार दिनों तक बीबीसी की आवाज सुनने को मैं तरस गया।

आप लोगों का तर्क था कि उक्त दिन उच्च श्रेणी का प्रसारण किया गया। यही बात हमें अच्छी नहीं लगी। क्या उच्च श्रेणी के प्रसारण की वजह से ही हमारे 'निम्न' क्षमता के रेडियो में आपकी आवाज नहीं आई ? अथवा, क्या हमें बीबीसी लगाने के लिए घुंडी ही घुमाने नहीं आया ? अथवा, क्या हम सभी के रेडियो सेट एक साथ खराब हो गए थे ? खैर, हो सकता है हमारी ओर से ही कोई कमी हो गई हो !

सलमा जैदी जी ने क्षमा-प्रार्थना की। ये बात तो हमें एकदम अच्छी नहीं लगी। बिना ये बताए कि असल में हुआ क्या था और कुछ श्रोता उस विशेष और 'उच्च' स्तरीय प्रसारण को क्यों नहीं सुन सके, क्षमा-प्रार्थना का क्या तुक है ?

मैं चाहता हूँ कि मेरे उपरोक्त प्रश्न का स्पष्टीकरण दिया जाए। साथ ही आग्रह करता हूँ कि उन दोनों कार्यक्रम का पुनः प्रसारण किया जाए।

एक बात कहना भूल गया कि सलमाजी ने कहा था कि वो सम्मिलित प्रसारण बीबीसी के वेबसाइट पर उपलब्ध रहा कुछ दिनों तक। सोचनेवाली बात है, यदि हमारे पास सुविधा होती तो हम शिकायत क्यों करते ? लगता है हम रेडियो वालों का महत्त्व कम होता जा रहा है और कुछ दिनों में हम कहीं के नहीं रहनेवाले हैं।

श्याम
मधेपुरा, बिहार

पत्र-16

आगरा शिखर वार्ता कवरेज

सीमा/रेहन/विफुलजी
22/7/01

आदरणीय,

पत्रों के सबसे पहले आप तीनों को और बीबीसी सेवा के सभी को मेरा नमस्कार। सबसे पहले बीबीसी को मैं धन्यवाद देता हूँ हमारे दिल जितने के लिए। भारत और पाकिस्तान के 'आगरा शिखर वार्ता' का पुरा कवरेज हमें बहुत ही अच्छा लगा। हर पल, हर समय खासकर 14/15/16 तारीख मुशर्रफ/अटलजी का आपस में मिलने से लेकर उनके प्रेस कांफ्रेंस वार्तालाप की प्रमुख खबरें हमें बीबीसी से मिलीं। हमें कंफीडेंस है कि खबरें हमें बीबीसी हर पल सबसे जल्दी, ताजा, सच खबरें हमें भेजता है। दूसरे किसी

भी प्रसारण सेवा के मुकाबले बीबीसी सबसे पहले है और हमेशा रहेगा। भाई आगरा समिट की हर खबर हम बीबीसी के माध्यम से सुना। मुझे सीमा जी/सतीश जैकब जी को भी टीवी पर देखने को मिला। हमें खुशी हुआ था। जब बीबीसी के ओर से सतीश जी ने जसवन्त सिंह के प्रेस कांफ्रेंस पर प्रश्न पूछा, मैं हमेशा आप लोगों को अपना मानता हूँ और बीबीसी मेरा अपनापन है। एक बार फिर आपको धन्यवाद।

अमित भट्टाचार्य
40/12 शिव चन्द्र चटर्जी गली,
पो.-बेलुर मठ, जिला-हावरा
कोलकत्ता—711202
फोन : (033) 6548116

पत्र-17

गोल्फ की कहानी

मयंक कुमार सिकरहुला,
कोरिया, बेगूसराय (बिहार)
14/08/01

महोदय,

दिनांक 13.08.01 की शाम में प्रसारण "खेल और खिलाड़ी" कार्यक्रम सुनकर अच्छा लगा। खासकर गोल्फ की कहानी प्रस्तुत करने का अंदाज इतना रोचक था कि मुझे कोई मनोरंजन वार्ता सुनने के जैसा अनुभव हुआ। इसके अलावा कनाडा में सम्पन्न एथलीट प्रतियोगिताओं का परिणाम भी काफी सुग्राह्य तरीके से प्रस्तुत किया गया। आमतौर पर तो आँकड़ों की इतनी भयानक सारणी के साथ परिणामों की खासियत बयान की जाती है कि साधारण व्यक्ति (जिसकी इन आँकड़ों में कोई खास दिलचस्पी न हो) सुनना नहीं चाहता।

मुझे लगता है, बीबीसी के अन्य कार्यक्रम का भी रोचकता और लोकोन्मुखता के प्रभाव के आधार पर पुनर्गठन किया गया है। दुर्भाग्यवश मैं प्रत्येक कार्यक्रम सुन नहीं पाता। फिर भी, यह काफी अच्छा लगा कि 'खेल और खिलाड़ी' जिसे पहले मैं नहीं सुन पाता था (बोरियत के कारण)। अब काफी रोचक हो गया है।

कृपया हार्दिक धन्यवाद लें।

●●●